# DIE NACHNAHME

IM

# SPEDITIONS- UND FRACHTGESCHÄFT

VON

DR. EMIL KNITTEL
REFERENDAR IN STRASSBURG.

STRASSBURG.
KARL J. TRÜBNER.
1886.

Gedruckt mit Genehmigung der rechts- und staatswissenschaftlichen Facultät der Universität Strassburg.

Referent: Prof. Dr. Laband.

G. Otto's Hof-Buchdruckerei in Darmstadt.

SEINEN LIEBEN ELTERN

IN DANKBARKEIT

GEWIMDET

VOM

VERFASSER.

# INHALT.

Seite.

EINLEITUNG. Begriff und Wesen der Nachnahme . 1

ERSTER THEIL. Die Arten der Nachnahme.

ERSTER ABSCHNITT. Die Werthnachnahme.

Cap. I. Die Werthnachnahme im Voraus . . . . . . 9

Cap. II. Die Werthnachnahme nach Eingang . . . . 26

ZWEITER ABSCHNITT. Die Spesennachnahme.

Cap. I. Allgemeines . . . . . . . . . . . . . . 35

Cap. II. Die Spesennachnahme im Voraus . . . . . 37

Cap. III. Die Spesennachnahme nach Eingang . . . . 53

ZWEITER THEIL. Die Rechte und Pflichten des Spediteurs und Frachtführers aus der Nachnahme.

Cap. I. Das Recht auf Provision . . . . . . . . . 59

Cap. II. Die Klagen gegen den Destinatar aus der Nachnahme . . . . . . . . . . . . . . . . . 63

Cap. III. Das Pfandrecht aus der Nachnahme . . . . 73

Cap. IV. Das Regressrecht gegen die Vormänner . . . 89

# EINLEITUNG.

## BEGRIFF UND WESEN DER NACHNAHME.

Der Transport eines Gutes bringt regelmässig eine Steigerung des Werthes desselben mit sich, indem mit der Entfernung vom Orte der Production bei sich gleich bleibender Intensität des Verlangens darnach, die Zufuhr in Folge der Hindernisse, die ihr in den Weg treten, sowie der Kosten, mit welchen sie nothwendig verbunden ist, eine geringere wird. Ja sehr oft lässt sich, selbst dann, wenn objectiv das Gut durch den Transport nicht werthvoller geworden ist, dennoch an subjectiver Hinsicht eine Wertherhöhung constatiren. Z. B. es lässt Jemand beim Domicilwechsel sein Mobiliar an einen Ort hinbringen, wo der Werth der Möbel ein geringerer ist als am ursprünglichen Wohnorte; dieselben sind also durch den Transport nicht werthvoller geworden; trotzdem kann für den Eigenthümer der Möbel eine Wertherhöhung eingetreten sein, nämlich dann, wenn die Differenz zwischen dem Verkaufspreis am Orte der Absendung und dem Neuanschaffungspreis am Destinationsorte grösser ist als die Fracht zwischen diesen beiden Orten.

Um den Transport, der eine derartige wertherhöhende Wirkung an einem Gute bethätigen kann, zu erleichtern, sind nun mit der Zeit verschiedene dem Handel ursprünglich nicht angehörende Geschäfte aufgekommen, die man zuletzt, weil sie fast ausschliesslich dem Handel dienen, als Handelsgeschäfte betrachtet hat, dies sind die Geschäfte des Spediteurs und des Frachtführers.

Seit dem Aufkommen dieser Hülfsgeschäfte braucht also der Kaufmann, wenn er Waaren nach auswärts liefert, nicht mehr den Transport selbst zu besorgen oder durch seine Leute besorgen zu lassen; er übergibt dieselbe einfach einem Frachtführer, oder wenn er es noch bequemer haben will, einem Spediteur, und die Waare gelangt durch diese Leute, ohne dass er sich weiter darum zu kümmern braucht, in die Hände des Destinatars.

Diese in der heutigen Zeit durch die Entwicklung der Verkehrsmittel so enorm erleichterte Uebersendung der Waare durch Spediteure und Frachtführer bringt aber einen Nachtheil mit sich, der früher, als der Kaufmann selbst seine Waare auf der Reise begleitete, oder wenigstens durch seine Leute begleiten liess, nicht zu befürchten war. Dieser Nachtheil beruht auf folgendem Umstande: Die bei Weitem häufigste Veranlassung der Uebersendung von Waaren ist der Kauf derselben durch den Destinatar. Da in den seltensten Fällen der Kaufpreis gleich baar bei der Bestellung bezahlt wird, so hat der Absender in der Regel bei der Absendung der Waare einen Anspruch auf Zahlung desselben gegen den Destinatar. Wenn er den Transport selbst besorgt oder durch seine eigenen Leute besorgen lässt, detinirt er das Gut selbst und kann sich immer an dasselbe halten bis zur Ablieferung. d. h. er kann, wenn der Destinatar Zahlung verweigert, daselbe retiniren und eventuell aus dessen Werth sich für seinen Anspruch bezahlt machen. Uebergibt er dagegen das Gut einem Spediteur oder Frachtführer zur Beförderung, gibt er also den Besitz an demselben auf, so begibt er sich auch jener Sicherheit für die Befriedigung seiner Forderung.

Um diesem Uebelstande abzuhelfen, ist man unter Anderm auch zu dem in der heutigen Zeit im grössten Massstabe angewandten Mittel der Nachnahme gekommen. Dieses Mittel besteht darin, dass der Absender sich entweder von dem Spediteur oder Frachtführer für seine Forderungen gegen den Destinatar befriedigen lässt und dieselben anweist, den an ihn verauslagten Betrag vom Destinatar einzuziehen; oder der Absender übergibt das Gut, ohne zunächst für seine

Forderung vom Spediteur oder Frachtführer befriedigt zu werden, er verpflichtet dieselben aber, bei Vermeidung eigener Haftung, seine Forderung vom Destinatar einzuziehen und, falls derselbe die Zahlung verweigert, das Gut zurückzuhalten. Auf diese Weise wird eine grosse Anzahl von Geschäften ohne vorangegangene Baarzahlung ermöglicht, selbst in Fällen, wo kein Credit dem Käufer eröffnet wird oder der früher eröffnete Credit nicht mehr gewährt wird.

Aber noch in anderer Hinsicht wird das Mittel der Nachnahme mit grossem Vortheile angewandt. Obwohl in Folge des immer lebhafter gewordenen Verkehrs die neueste erfinderische Zeit mit gewaltigen Erfolgen immer neue Verkehrserleichterungen schafft, immer ausgedehnter ihre Netze über den Erdball spannt, immer genauer die einzelnen Glieder in einander fügt, immer directere Strassen zwischen allen Punkten der Erde zieht, so sind doch bei der Versendung eines Guts auf grosse Entfernungen hin nicht alle Umladungen zu vermeiden. Dem mit der Beförderung des Guts betrauten Spediteur oder Frachtführer würde es nun zu beschwerlich und zu kostspielig sein, das Gut während der ganzen Reise zu verfolgen und dessen richtige Verpackung und Behandlung zu besorgen, darum wendet er sich an einen zweiten Spediteur oder Frachtführer des Ortes, wo die Umladung stattfinden soll und trägt ihm auf, das fragliche Gut bei seiner Ankunft in Empfang zu nehmen und dann weiter zu versenden. Auf diese Weise kann das Gut durch die Hände mehrerer Spediteure und Frachtführer gehen, bis es endlich an den Destinatar gelangt.

Nach allgemeinem Handelsgebrauch ist es nun üblich, dass dieser die Kosten der Versendung, insbesondere die Fracht der Frachtführer und die Provision der Spediteure zu tragen hat. Es wäre aber höchst beschwerlich für den Empfänger und im höchsten Grade hemmend für den Transportverkehr, wenn der Destinatar jede bei dem Transport thätig gewesene Person apart für ihre Dienste bezahlen müsste. Desshalb hat man, um dem besonders im Handelsverkehr so rege empfundenen Bedürfniss nach rascher und einfacher Abwicklung der Geschäfte zu genügen, auch hier das vorhin besprochene Mittel der Nachnahme in Anwendung gebracht. Wenn nämlich mehrere Frachtführer und Spediteure bei der Versendung eines Guts hinter einander thätig werden, so ist es üblich geworden, dass jedesmal der Vormann bei der Uebergabe des Guts an den Nachmann von demselben für seine Ansprüche aus dem Transport befriedigt wird, also z. B. der Spediteur von dem Frachtführer, dem er das Gut übergibt, dieser von einem etwa nachfolgenden Zwischenspediteur, der Zwischenspediteur wieder von dem zweiten Frachtführer, der den Transport weiter besorgt u. s. w. befriedigt wird, bis endlich der letzte Frachtführer oder Spediteur, auf welchen so alle durch den Transport entstandenen Forderungen übergegangen sind, diese vom Destinatar einzieht.

Nich immer geschieht es jedoch, dass der Nachmann seinen Vormann sofort bei Empfangnahme des Guts zum Weitertransport für seine Ansprüche befriedigt. Ebenso häufig geschieht es, dass der Vormann sich begnügt bei der Uebergabe des Guts, den Nachmann zu verpflichten, seine Forderung aus dem Transport bei der Ablieferung vom Destinatar mit einzuziehen, so dass also schliesslich der Ablieferer sowohl den Betrag seiner Forderung als auch den der Forderungen sämmtlicher bei dem Transport thätig gewesener Vormänner vom Destinatar eincassirt. Den von diesem erhaltenen Betrag übergibt er dann, soweit er seine Forderung übersteigt, dem Vormann, dieser macht sich daraus ebenfalls bezahlt und übergibt den Ueberschuss wieder seinem Vormann, bis schliesslich der erste Frachtführer oder Spediteur den Rest zur Befriedigung seiner Forderung erhält. Auch dieses letztere Verfahren wird mit Nachnahme bezeichnet.

Auf diese Weise sehen wir eine Anzahl eigenthümlicher Rechtsverhältnisse zwischen dem Versender oder Absender, dem Spediteur, Zwischenspediteur und Frachtführer und dem Destinatar entstehen, welche zum Theil höchst complicirter Natur sind und denen nunmehr im Folgenden eine eingehendere Betrachtung gewidmet werden soll.

## II.

Nach dem Sprachgebrauch der Kaufleute versteht man unter Nachnahme das Verfahren, durch welches der Absender oder der bei dem Transport eines Guts betheiligte Spediteur oder Frachtführer sich für die Befriedigung einer ihm gegen den Destinatar zustehenden Forderung dadurch Sicherheit verschafft, dass er entweder seine Forderung bei der Uebergabe des Guts an den Spediteur oder Frachtführer resp. folgenden Spediteur oder Frachtführer von diesem einzieht in der Erwartung, dass diese dann ihrerseits bei der Ablieferung des Guts den ausgelegten Betrag vom Destinatar ausgezahlt erhalten werden (Nachnahme im Voraus), oder dadurch, dass er den Spediteur oder Frachtführer verpflichtet, bei Ablieferung des Guts die betreffende Forderung, bei Vermeidung eigener Haftung, vom Destinatar für seine — des Nachnehmenden — Rechnung einzuziehen und ihm den Betrag zukommen zu lassen, eventuell bei Zahlungsverweigerung des Destinatars das Gut zurückzuhalten (Nachnahme nach Eingang).

Wenn wir nun dieses Verfahren zum Zweck juristischer Construction analysiren, so finden wir mit Thöl[1], dass in beiden Fällen von dem Gläubiger, mag er nun von dem Nachmann für seine Forderung befriedigt werden oder nicht, an letzteren ein Eincassirungsmandat ertheilt und von diesem angenommen wird, und zwar liegt im ersten Fall ein Eincassirungsauftrag zu Gunsten des Beauftragten (mandatum tua gratia), im zweiten Falle ein Eincassirungsauftrag zu Gunsten des Auftraggebers (Nachnehmenden) vor. Neben diesem Eincassirungsauftrag wird dann noch vom Nachnehmenden stillschweigend dem Destinatar ein Zahlungsmandat ertheilt, welches zum Inhalt hat, den die Waare Abliefernden für die bei der Ablieferung von ihm geltend gemachten Forderungen zu befriedigen.

Unter Nachnahmeforderung versteht man sonach eine auf den Destinatar zur Zahlung angewiesene Geldforderung, sei es des Absenders oder einer bei dem Transport betheiligten

[1] Vgl. Thöl, Handelsrecht, Band III, S. 19, 127—130.

Person (Spediteur oder Frachtführer), welche ein Transportgut derart verstrickt[1], dass dessen Ablieferung an den Destinatar nur gegen Befriedigung derselben erfolgen kann.

Die Nachnahmeforderung ist also eine Geldforderung, sei es des Absenders, oder des Spediteurs oder eines Frachtführers. Dabei ist es gleichgültig, durch welches Rechtsgeschäft diese Forderung begründet worden ist, ob sie aus einem Kauf- oder sonstigem Vertrage des Absenders mit dem Destinatar herstammt, ob sie den Anspruch auf Provision des Spediteurs oder den auf die Fracht des Frachtführers oder einen Anspruch dieser Leute auf Erstattung von gemachten Auslagen darstellt. Jede beliebige Forderung des Absenders gegen den Destinatar, mag sie begründet sein oder nicht, ferner jeder durch die Besorgung eines Gütertransports begründete Anspruch des Spediteurs oder Frachtführers ist geeignet, zur Nachnahmeforderung zu werden. Dieselbe ist nicht eine aus einem bestimmten Rechtsgeschäft erst zur Entstehung gelangende Forderung, es muss vielmehr, damit von einer Nachnahmeforderung die Rede sein kann, eine Forderung aus irgend einem Rechtsgrunde bereits bestanden haben, welche dadurch, dass sie der Gläubiger in der oben bezeichneten Weise von seinem Nachmanne einzieht, zur Nachnahmeforderung wird. Durch die Ertheilung und Annahme des oben erwähnten Eincassirungsmandats, mag nun dabei eine Befriedigung des Vormanns stattfinden oder nicht, nimmt die Forderung gleichsam ein neues Kleid an und tritt als Nachnahmeforderung mit intensiverer Wirkung dem Schuldner gegenüber auf.

Diese intensiveren Wirkungen der Nachnahmeforderung haben ihren Grund in dem Zweck, welcher durch die Nachnahme erreicht werden soll: Durch die Uebergabe des Guts zum Transport oder durch die Uebergabe an den Nachmann zum Weitertransport, gibt der Gläubiger den Besitz des Gutes auf und begibt sich hiermit auch der Sicherheit, sich durch Retention bzw. Verwerthung des Guts für seine Ansprüche zu befriedigen. Der Verkehr hat nun als Surrogat für diese

---

[1] Vgl. Schott, in Endemanns Handbuch des Handelsrechts, Band III, S. 414, 415.

verlorene Sicherheit es dem Gläubiger an die Hand gegeben, seine Forderung in eine Nachnahmeforderung umzuwandeln, welche das betreffende Gut derart verstrickt, dass dessen Auslieferung an den Destinatar ohne Berichtigung der Forderung nunmehr unmöglich wird.

Wesentlich für den Begriff der Nachnahme ist also, dass die Forderung das Gut in Bezug auf dessen Auslieferung an den Destinatar verstrickt, d. h. dass sowohl auf der Seite des Nachnehmenden als auch auf der Seite desjenigen, der entweder die Nachnahme dem Vormann zahlt oder wenigstens dieselbe für ihn einzucassiren verspricht, die Absicht vorliegt und auch dem Destinatar gegenüber geäussert wird, nur gegen Zahlung des Betrages der Nachnahme das Gut an letzteren gelangen zu lassen, dagegen im Fall der Nichtbefriedigung der Nachnahmeforderung, sich an das Gut zu halten. Diese Haftung des Guts besteht jedesmal entweder zu Gunsten des ursprünglichen Gläubigers im Fall der Nachnahme nach Eingang, oder sie besteht zu Gunsten des jeweiligen Inhabers des Guts, im Fall der Nachnahme im Voraus.

Charakteristisch für die Nachnahme ist ferner, dass das Gut, welches für die Erfüllung der Nachnahmeforderung haftet, ein Transportgut ist. Es muss hinsichtlich desselben ein Transport effectuirt, eine Ortsveränderung mit ihm vorgenommen werden, wobei es gleichgültig ist, ob die Strecke, auf welcher der Transport stattfindet, eine grosse oder geringe ist. Gleichgültig ist es auch, wer diesen Transport ausführt, ob ein blosser Fuhrmann oder eine Eisenbahn oder ein Schiffer, oder auch die Post, gleichgültig ist es schliesslich, an welchem Gut der Transport ausgeführt wird, mag es eine Waare sein oder nicht. So kann eine Nachnahme auch bei Gelegenheit des Transports eines Briefes oder einer Urkunde vorkommen, z. B. eine Universitätsbehörde schickt einem Studenten die Exmatrikel durch die Post zu und erhebt in Bezug auf dieselbe die Exmatriculationsgebühr durch Nachnahme, oder ein Hypothekenbureau schickt Jemandem nach Auswärts einen verlangten Hypothekenauszug und zieht die Gebühr hierfür durch Nachnahme vom Adressaten ein.

Mit einer Nachnahmeforderung kann das Gut ein Jeder

belasten, welcher thatsächlich die Verfügung über dasselbe hat und es zum Zwecke der Beförderung an den Destinatar einem Andern aushändigt. So kann dies in erster Linie der Versender oder Absender und zwar wegen jeder beliebigen Forderung gegen den Destinatar, gleichviel ob dieselbe in Bezug auf das Transportgut entstanden ist oder nicht; ferner kann das Gut belasten der Spediteur, Zwischenspediteur und Frachtführer, diese Personen in der Regel jedoch nur wegen Forderungen, die in Bezug auf das Transportgut entstanden sind.

Die Nachnahmeforderung wird immer zur Zahlung auf den Destinatar angewiesen und dieser hat nun bei der Ankunft des Guts die Wahl, ob er das Gut in Empfang nehmen will gegen Bezahlung der auf ihm lastenden Nachnahmesumme, oder ob er die Bezahlung derselben verweigern will; dann muss er sich aber auch die Zurückhaltung des Guts durch den Abliefernden gefallen lassen.

Im Handelsverkehr unterscheidet man nun, je nachdem die Forderungen, wegen welcher eine Nachnahme auf das Gut gelegt wird, durch den Transport entstanden ist oder nicht, zwei Hauptarten der Nachnahme. Im letzten Fall spricht man von Werthnachnahme, im ersten dagegen von Spesennachnahme.

Innerhalb jeder dieser Hauptarten macht man wieder den Unterschied, ob der Nachnehmende bei der Uebergabe des Guts an den Nachmann von diesem befriedigt worden ist, oder ob ein blosses Einkassirungsversprechen des letzteren zu Gunsten des Nachnehmenden ohne Vorwegzahlung stattfindet. Im ersten Fall spricht man dann von Werth- oder Spesennachnahme im Voraus, im zweiten von Werth- oder Spesennachnahme nach Eingang.

Hiermit ist uns auch die Eintheilung unseres Stoffes gegeben: Es soll nämlich in einem ersten Theile von den oben erwähnten Arten der Nachnahme und zwar zunächst von der Werthnachnahme und sodann von der Spesennachnahme die Rede sein. In einem zweiten Theile wird dann von den Rechten und Pflichten, die durch die Nachnahme begründet werden, gehandelt werden.

ERSTER THEIL.

# DIE ARTEN DER NACHNAHME.

ERSTER ABSCHNITT.

## DIE WERTHNACHNAHME.

Cap. I.

### Die Werthnachnahme im Voraus.

Werthnachnahme im Voraus ist ein Vorschuss, welchen der Spediteur oder Frachtführer bei der Uebernahme der Versendung oder des Transports eines Guts an den Versender resp. Absender zur Befriedigung einer dem letzteren gegen den Destinatar zustehenden Forderung zahlt. Unter Werthnachnahmeforderung in diesem Fall verstehen wir sonach eine durch ein Pfandrecht an dem Transportgut geschützte Forderung des Spediteurs oder Frachtführers aus einem Vorschusse, der von ihm dem Versender resp. Absender auf das Gut gemacht worden ist.

Der Entstehungsgrund einer solchen Werthnachnahmeforderung ist also die Zahlung eines Vorschusses durch den Spediteur oder Frachtführer an den Versender resp. Absender. Derartige Vorschüsse sind im Speditions- und Frachtverkehr, man möchte sagen, an der Tagesordnung: so kommt es, wie in den Protocollen der Nürnberger Commission [1] von einem Mitglied ausgeführt wird, bei Waarensendungen von geringerem Werth, bei welchen es zu umständlich ist, den Kaufpreis gesondert zu remittiren, sehr häufig vor, dass der Spediteur dem Versender den Kaufpreis der Waare vorschiesst und denselben sodann nebst Fracht, Provision und Kosten vom Empfänger wieder einzieht. Ebenso kann dies geschehen, wenn der Versender dem Empfänger kein volles Vertrauen schenkt und ihm die Waare ohne sofortige Bezahlung des Kaufpreises nicht überlassen will. Ferner kann ein solches Verfahren auch oft in der Weise vorkommen, dass Kaufleute aus der Provinz, wenn sie auf einer Messe Einkäufe gemacht haben, die eingekaufte Waare einem Spediteur übergeben und auf dieselben Darlehn entnehmen, welche bei der Ankunft der Waare vergütet und einstweilen vom Kaufmann zu weitern Ankäufen am Messplatz verwendet werden.

Vorschüsse dieser Art hatte nun der Preussische Entwurf, von welchem die Nürnbenger Commission bekanntlich bei der Abfassung des Handelsgesetzbuches ausging, im Auge, wenn er unter den Forderungen des Spediteurs im Art. 302 die Forderung aus der Zahlung von Vorschüssen, neben den Forderungen wegen verlegter Fracht, Provision, verwendeter Kosten, gegebener Darlehn sowie Forderungen aus laufender Rechnung in Speditionsgeschäften als pfandberechtigte Forderungen aufzählt. Die Verfasser des Preussischen Entwurfs waren sich der weittragenden Bedeutung dieser Vorschüsse für den Verkehr vollkommen bewusst und gingen von der Ansicht aus, dass man soviel wie möglich diese Institution, durch welche eine Unzahl von Geschäften ohne Credit ermöglicht wird, begünstigen müsse, was man insbesondere dadurch zu erreichen suchte, dass man dem Spediteur für Forderungen, die er auf diese Weise erworben hatte ein Pfandrecht an dem Speditionsgut einräumte.

Trotzdem wurde aus der Mitte der Nürnberger Commission gegen die Bewilligung eines Pfandrechts für solche Forderungen

---

[1] Protocolle der Commission zur Berathung eines allgemeinen deutschen HGB. S. 769.

eine Reihe von Einwendungen erhoben. Bei der ersten Lesung wurde zunächst gegen die Fassung des Art. 302 des preuss. Entw. geltend gemacht,[1] dass ein Pfandrecht in der durch Art. 302 ausgesprochenen Allgemeinheit, welches also analog dem des Commissionairs sei, dem Spediteur nicht bewilligt werden dürfte, weil, während das allgemeine Pfandrecht des Commissionairs gewissermassen dadurch gerechtfertigt sei, dass das Gut, auf welches es sich erstreckt, im Eigenthum des Schuldners sich befindet, dem Spediteur ein Pfandrecht an einem Gute eingeräumt würde, das möglicherweise weder im Eigenthume des Versenders noch in dem des Empfängers stände. Es würde daher gegen Treu und Glauben verstossen, wenn man dem Spediteur ein Pfandrecht an einer Waare einräumte, wegen einer Forderung aus einem andern Titel als aus dem der Versendung, z. B. aus einem Darlehn oder wegen Forderungen aus laufender Rechnung in Speditionsgeschäften und demgemäss wurde zunächst beantragt, die Bestimmung des Entwurfs, welche das Pfandrecht des Spediteurs auch auf Forderungen wegen gegebener Darlehn und Forderungen aus laufender Rechnung ausdehnt, zu streichen, welchem Antrag die Commission einstimmig entsprach.

Die Commission wollte also in diesem Fall den Begriff der Connexität, in welcher die Forderung zu dem Speditionsvertrag stehen soll, enger gefasst wissen, als dies bei der Aufstellung der für das Pfandrecht des Commissionairs geltenden Grundsätze der Fall gewesen war. Während nämlich es für die Begründung des Pfandrechts des Commissionairs genügt, dass die Forderung überhaupt eine allgemeine Beziehung zu dem Geschäfte hat, durch welches das Gut in das Gewahrsam des Gläubigers gekommen ist, muss beim Speditionsgeschäft die Forderung gerade mit Rücksicht auf den speciellen Speditionsvertrag entstanden sein, durch welchen das Gut in den Besitz des Spediteurs gelangte.[2]

---

[1] Protocolle Seite 768.

[2] Protocolle S. 769, 770. Laband, das kaufmännische Pfand- u. Retentionsrecht in Goldschmidts Zeitschrift Bd. IX S. 462; Eger, das Deutsche Frachtrecht Band II S. 541, 542.

Einzelne Mitglieder der Commission, welche den Begriff der Connexität der Forderung mit dem Speditionsvertrage noch enger gefasst wissen wollten, erklärten sich gegen die Zulassung des Pfandrechts für Forderungen aus der Zahlung von Vorschüssen und erkannten nur solche Forderungen als pfandberechtigte an, welche durch die Versendung selbst begründet sind, d. h. also nur wegen Ansprüchen aus der Versendung selbst und der zum Zweck der Ermöglichung derselben übernommenen Kosten. Jedoch wurde diese Ansicht von der Majorität der Commission verworfen mit Rücksicht auf das bereits am Eingang des Capitels dargelegte Interesse des Verkehrs, welches absolut erheische, dass solche Forderungen aus der Zahlung von Vorschüssen insbesondere von Vorschüssen auf den Kaufpreis durch ein Pfandrecht gesichert seien, weil kein Spediteur sonst solche Vorschüsse geben würde.

Bei der zweiten Lesung wurde jedoch gegen diese Fassung eingewendet,[1] dass sie leicht zu Missbräuchen führen könnte, indem den Spediteuren und namentlich den Zwischenspediteuren die Möglichkeit gelassen würde, wegen jeder beliebigen Forderung, vielleicht sogar wegen solcher Forderungen, die sie sich, um ihre Freunde zu begünstigen, cediren liessen, die durch ihre Hand gehende Waare mit Vorschüssen zu belasten. Es wurde daher beantragt und auch beschlossen, das Pfandrecht auf solche Vorschüsse zu beschränken, welche dem Versender geleistet sind, und, um ferner der Meinung vorzubeugen, dass das Pfandrecht des Spediteurs begründet sei wegen eines jeden irgend einmal, gleichviel wann, dem Versender gegebenen Vorschusses, wurde noch die weitere Bedingung, dass der Vorschuss auf das Gut gegeben sein müsse, hinzugefügt. Somit erhielt der Art. 302 des preuss. Entw. nach der zweiten Lesung die Fassung, in welcher er als Art. 382[2] in das Handelsgesetzbuch überging, ohne

[1] Protocolle S. 1226–1228.

[2] Art. 372 HGB: Der Spediteur hat wegen der Fracht, der Provision, der Auslagen, Kosten und Verwendungen und wegen der dem Versender auf das Gut geleisteten Vorschüsse ein Pfandrecht an dem Gute . . . . . etc.

dass bei der dritten Lesung etwas daran geändert worden wäre.

Nach Artikel 382 HGB begründen solche Forderungen aus der Zahlung von Vorschüssen – und hiermit kommen wir auf das, was die Nachnahme im Voraus speciell charakterisirt — stets ein Pfandrecht am Speditionsgut. Die Verstrickung des Speditionsguts durch eine solche Werthnachnahmeforderung wird in diesem Fall durch ein Pfandrecht bewirkt und zwar entsteht dieses Pfandrecht nicht erst in Folge specieller hierauf bezüglicher Verabredung, sondern stillschweigend durch das Gesetz. Wir werden nun auf die Voraussetzungen, unter welchen die Zahlung eines Vorschusses durch den Spediteur ein Pfandrecht am Speditionsgute begründet im Folgenden näher eingehen:[1]

1. Der Vorschuss muss dem Versender gegeben sein. Eine Werthnachnahme liegt dann nicht vor, wenn der Vorschuss einem Dritten gegeben worden ist. Versender ist nun derjenige, der einem Spediteur einen auf die Beförderung des Guts gerichteten Speditionsauftrag ertheilt hat. Es kann somit bei einem Transport vorkommen, dass mehrere Personen nach einander als Versender auftreten, z. B. der Spediteur, welcher zuerst das Gut in Empfang genommen hat, übergibt dasselbe nicht direct einem Frachtführer, sondern einem Zwischenspediteur und dieser erst schliesst den Frachtvertrag ab. Alsdann ist der erste Spediteur dem Zwischenspediteur gegenüber Versender. Es fragt sich nun, ob auch in diesem Fall ein vom Zwischenspediteur dem ersten Spediteur gezahlter Vorschuss eine Werthnachnahme ist?

Diese Frage wurde in der Commission bei der zweiten Lesung[2] lebhaft besprochen. Es wurde die Bewilligung eines Pfandrechts gerade mit Rücksicht darauf bekämpft, dass nach Fassung des Entwurfs der ersten Lesung nicht nur der erste Versender, sondern auch jeder Spediteur von einem nachfolgenden Zwischenspediteur einen Vorschuss ent-

---

[1] Vgl. insbesondere Laband a. a. O. S. 464.
[2] Protocolle S. 1226—1228.

nehmen könne, dass somit mit dieser Einrichtung der Werthnachnahme ein grosser Missbrauch getrieben werden könne. Nichtsdestoweniger wurde nicht nur die gerügte Fassung beibehalten, sondern es wurde noch beschlossen, zur grösseren Klarheit statt „gegebenen Vorschüssen" zu setzen „die dem Versender gegebenen Vorschüsse und die den Vormännern gezahlten Nachnahmen". Dass die Commission unter Nachnahme dasselbe verstand wie unter Vorschüssen, sagen die Protocolle [1] ausdrücklich. Obwohl nun dieser Wortlaut nicht beibehalten wurde, vielmehr später eine allgemeine Fassung an die Stelle trat, beharrte die Commission trotzdem bei der Ansicht, dass nicht nur die dem Versender gegebenen Vorschüsse, sondern überhaupt die von einem Nachmann seinem Vormann gemachten Vorschüsse Werthnachnahmen und durch ein Pfandrecht geschützt seien.

Diese Ansicht ist auch die richtige. Für sie spricht schon der praktische Grund, dass es sehr oft für den Zwischenspediteur unmöglich ist, festzustellen, ob in der vom Vormann entnommenen Nachnahme auch Vorschüsse enthalten sind, die derselbe sich geben lässt, und dass, wenn man einen solchen dem Vormann vom Zwischenspediteur gezahlten Vorschuss nicht als Werthnachnahme anerkennen, demselben mithin das Pfandrecht versagen würde, kein Zwischenspediteur seinem Vormann aus Furcht es möchten darin Vorschüsse enthalten sein. eine Nachnahme mehr bezahlen würde, wodurch diese im Handelsverkehr so nützliche Institution einfach unmöglich gemacht wäre. Der Vorschuss muss also, um eine Werthnachnahme zu sein vom Spediteur dem ursprünglichen Versender oder einem Vormann gemacht sein; dass dies der Fall ist und dass nicht der Vorschuss von einem Dritten entnommen ist, hat der Spediteur, der die Nachnahmeforderung geltend macht, im Bestreitungsfalle zu beweisen.

2. Die Forderung aus dem Vorschuss muss mit dem Speditionsvertrag connex sein, d. h. sie muss, wie wir schon oben gesagt haben, sich auf den Speditionsvertrag beziehen,

---

[1] Protocolle S. 770.

durch welchen das Gut in die Hände des Spediteurs gelangt ist; dies ist es, was das Handelsgesetzbuch meint, wenn es verlangt, dass die Vorschüsse auf das Gut gegeben seien. Hierbei genügt es nun nicht, dass bloss der Spediteur den Willen gehabt habe, mit Bezug auf das Gut den Vorschuss zu geben, vielmehr muss diese Bezugnahme auch dem Versender, sei es durch ausdrückliche Erklärung, sei es durch concludente Handlungen, sei es aus thatsächlichen Umständen bekannt gegeben sein.[1] Auch die hierauf bezügliche Beweislast trifft den Spediteur; der Beweis wird jedoch in der Regel durch die Correspondenz, oder durch Vermerk im Frachtbrief oder aus den Handelsbüchern leicht zu erbringen sein.

3. Ein drittes Erforderniss endlich ist dasjenige, dass der Spediteur bei der Zahlung eines Vorschusses an den Versender in bona fide war, d. h. der Spediteur darf den Vorschuss nicht in der Absicht gegeben haben, den Versender auf Kosten des Empfängers zu begünstigen. In diesem Falle könnte dem Spediteur, welcher auf die Klage des Destinatars auf Herausgabe des Guts die Einrede des Pfandrechts geltend macht, die replicatio doli entgegengehalten werden. Unter bona fides müssen wir jedoch im vorliegenden Fall etwas anderes verstehen als was gewöhnlich darunter verstanden wird. In der Regel wird als bona fides bei dem Erwerb eines Rechts der Glaube bezeichnet, dass dem Autor, von welchem man das Recht herleitet, dasselbe wirklich zugestanden habe oder wenigstens, dass das erworbene Recht im Rechte des Autors enthalten gewesen sei, z. B. bei dem Erwerb des Eigenthums oder eines Pfandrechts der Glaube, dass der Autor Eigenthümer der tradirten resp. verpfändeten Sache gewesen sei. Jedoch trifft diese Definition der bona fides nicht zu, denn dann wäre z. B. derjenige, der wissentlich von einem Ehegatten eine demselben vom andern Ehegatten geschenkte Sache gekauft hat, nach römischem Recht nicht in bona fide und könnte also die betreffende Sache nicht usucapiren; dennoch bestimmen

[1] Vgl. Eger, II S. 547, 548 und die dort citirte Literatur.

die Quellen gerade das Gegentheil.[1] Und ebenso würde der Spediteur an dem Speditionsgute kein Pfandrecht erwerben können, denn in vielen Fällen ist der Versender, der ihm das Gut zur Beförderung übergibt, gar nicht Eigenthümer und dies weiss der Spediteur oder sollte es wissen. Wollte man die bona fides so auffassen, so würde das Pfandrecht des Spediteurs den grössten Theil seiner praktischen Bedeutung verlieren. Dies ist jedoch nicht der Inhalt der bona fides, vielmehr haben wir dieselbe zu definiren als die Ueberzeugung, dass keine Umstände vorhanden sind, durch welche in einem gegebenen Falle der Erwerb eines Rechts ein Unrecht wäre,[2] d. h. im vorliegenden Falle die nach redlicher Prüfung, wie sie ein gewissenhafter Spediteur anstellt, gewonnene Ueberzeugung, dass keine Umstände vorliegen, aus welchen sich die Nichtberechtingung des Versenders zur Ertheilung des Speditionsauftrags und der Entnahme von Vorschüssen ergab.[3]

An weitere Voraussetzungen ist jedoch die Entstehung einer Nachnahmeforderung nicht gebunden, insbesondere nicht an die, dass der Vorschuss mit Recht vom Versender entnommen sei. Zwar scheint in der Commission die Ansicht bestanden zu haben, dass nur ein mit Recht gegebener Vorschuss eine durch ein Pfandrecht geschützte Nachnahmeforderung begründen könne; eine dies ausdrückende Bestimmung ist jedoch nicht in das Gesetz aufgenommen worden. Es heisst in Bezug hierauf in den Protocollen:[4]

„Von anderen Seiten wurde endlich hervorgehoben, es handle sich gar nicht um die Frage, ob und in wie weit von dem Spediteur ein Vorschuss auf die Waare mit Recht gegeben werden dürfte, sondern lediglich darum, zu bestimmen, dass er für einen mit Recht gegebenen Vorschuss ein Pfandrecht habe. Diese letztere Frage sei unbedingt zu bejahen. In diese Absicht eingehend,

---

[1] l. 5 pr. D. pro derelicto 41, 7.
[2] Windscheid, Pandecten § 176.
[3] Vgl. Laband a. a. O. S. 465.
[4] Protocolle S. 1227 u. 1228.

und in dem Bestreben, dem Richter eine Anleitung zu geben, in welcher Richtung er ein **Recht**, die Waare mit Vorschüssen zu beschweren zu suchen habe, schlug der Referent vor, statt „gegebenen Vorschüssen (Nachnahmen)" zu setzen „die dem Versender gegebenen Vorschüsse und die den Vormännern gezahlten Nachnahmen", welcher Vorschlag auch angenommen wurde.

Diese Fassung wurde zwar, wie schon oben bemerkt, redactionell modificirt, ist aber dem Sinne nach ins Handelsgesetzbuch übergegangen. In wie weit jedoch aus dem Wortlaut des Art. 382 sich der Sinn ergibt, dass nur ein „mit Recht" gegebener Vorschuss eine Werthnachnahme sein soll, ist nicht zu ersehen. Von allen dem, was die Commission durch diese Fassung in den Artikel hineinlegen wollte, tritt auch nicht die geringste Spur im Gesetz hervor. Für uns ist jedoch nur massgebend dasjenige, was das Gesetz wirklich ausspricht und nicht dasjenige, was der Gesetzgeber hat sagen wollen: die Erwägungen, von welchen derselbe ausgegangen ist, kommen nur insofern in Betracht, als er ihnen auch im Wortlaut des Gesetzes einen Ausdruck verliehen hat und dies ist hier nicht der Fall. Es ist desswegen hier auch nicht angebracht, diese Erwägungen der Nürnberger Commission als Interpretationsmittel zu benutzen, nach welchen die Annahme gerechtfertigt wäre, dass nur die mit Recht gegebenen Vorschüsse Werthnachnahmen seien, wie es das Ostpreussische Tribunal zu Königsberg [1] annahm und auf Grund dieser Annahme eine vollständig verkehrte Entscheidung traf. Diese Ansicht ist auch schon darum zu verwerfen, weil, wenn sie richtig wäre, man nothwendig daraus folgern müsste, dass der Spediteur, welcher eine Nachnahmeforderung geltend macht, auch die Beweislast dafür habe, dass der Nachnehmende zur Entnahme des Vorschusses berechtigt gewesen sei, was das HGB, welches so viel wie möglich diese Institution der Nachnahme begünstigen

[1] Erkenntniss des Tribunals zu Königsberg vom 22. Februar 1865 im Central-Organ N. F. II S. 65 ff.; ebenso auch Koch, in seinem Commentar zum HGB Art. 382 Note 6.

wollte, unmöglich beabsichtigt haben kann.[1] In diesem Sinne hat sich auch das Reichsoberhandelsgericht ausgesprochen:[2] „Bei der Entscheidung der Frage, ob der Spediteur das Gut mit Vorschüssen, die er dem Versender leistet, ob ferner der in einer Transportführung als Nachmann eintretende Zwischenspediteur oder Frachtführer das Gut wirksam mit der Nachnahme, wegen derer er den Vormann befriedigt hat, belasten kann, ist von dem Gesichtspunkte aus, dass die gedachten Personen sich über die Rechtmässigkeit der der Vorschussforderung zu Grund liegenden Ansprüche nicht ausreichend informiren können, gedachten Personen durch das Gesetz ein wirksames Pfandrecht an dem Gut eingeräumt worden, so dass der Nachmann, der eine Nachnahme bezahlt hat, ein wirksames Pfandrecht hat, mochte auch der Vormann, weil die Nachnahme unbegründet oder zu hoch war, ein solches nicht gehabt haben."

Rücksichtlich der Werthnachnahme im Voraus beim Frachtgeschäft enthält das HGB keine solchen ausdrücklichen Bestimmungen, wie bezüglich der Werthnachnahme beim Speditionsgeschäft. Der Art. 409 HGB[3] zählt

---

[1] Vgl. Laband a. a. O. S. 464: „In consequenter Schlussfolgerung käme man (scil. bei jener Annahme) zu dem weiteren Satze, dass der Spediteur auch die Beweislast dafür habe, dass diese wesentliche Voraussetzung seines Rechts thatsächlich vorhanden sei. Allein weder die Fassung des Gesetzes, noch die Natur des Geschäftsverkehrs lassen diese Auslegung zu. Die Fassung des Gesetzes nicht, weil es allgemein die dem Versender auf das Gut geleisteten Vorschüsse aufführt, ohne anzudeuten, dass sie mit Recht geleistet sein müssen, die Natur des Geschäftsverkehrs nicht, weil alsdann das ganze System der Vorschüsse unbrauchbar wäre. Kein Spediteur und Frachtführer könnte mit Sicherheit Vorschüsse auf das Gut geben, wenn er die Befugniss des Versenders, solche zu erheben prüfen müsste. Er kann sie nur dann leisten, wenn er die grösste Sicherheit hat, dass ihm das Speditionsgut dafür haftet und er lediglich darauf zu sehen hat, dass der Werth des Speditionsgutes ihm eine genügende Sicherheit für seine Vorschüsse und Auslagen gibt."

[2] Erkenntniss des ROHG vom 9. Nov. 1875, Entscheidungen Band XX S. 190.

[3] Art. 409 HGB: Der Frachtführer hat wegen aller durch den Frachtvertrag begründeten Forderungen, insbesondere der Fracht- und

unter den pfandberechtigten Forderungen des Frachtführers die Forderung aus der Zahlung von Vorschüssen an den Absender nicht auf und auch im Laufe der Debatten der Nürnberger Commission wurde eine derartige pfandberechtigte Forderung des Frachtführers nirgends mit Namen genannt; trotzdem ist die Werthnachnahmeforderung unter eine der im Art. 409 aufgeführten Kategorien zu subsumiren, dies geht unter Anderm schon aus dem Gang der Berathungen hervor. Der Art. 409 HGB ist hervorgegangen aus dem Art. 316 des preuss. Entw., welcher lautete: „Der Frachtführer hat wegen der Fracht und Liegegelder, sowie der Zollgelder und anderer Auslagen ein Pfandrecht an den Gütern, welche von ihm zurückbehalten worden sind". Diese Fassung blieb in erster und zweiter Lesung im Wesentlichen unverändert bestehen, obwohl in zweiter Lesung ein Abgeordneter beantragt hatte, statt „und anderer Auslagen" einen allgemeineren Ausdruck wie z. B. „und seiner übrigen Forderungen" zu setzen, was aber abgelehnt wurde. Gegen diese Fassung richtete aber Bayern, Sachsen und Hannover 3 Monita (Nr. 469, 470, 471), welche sämmtlich statt der mehr exemplikativen Fassung des Entwurfs eine allgemeine Fassung im Auge hatten und welche bei der dritten Lesung[1] die Commission auf Vorschlag der Redactionscommission veranlassten, den betreffenden Artikel ohne weitere Motivirung so umzuändern, wie er im Gesetze steht. Nach dieser Fassung werden hier zwei Kategorien von Forderungen unterschieden:

1. Die durch den Frachtvertrag begründeten Forderungen, insbesondere die Fracht- und Liegegelder,
2. die Zollgelder und andere Auslagen.

Dies ergibt sich aus der Wiederholung des Worts „wegen". Bei der Berathung[2] war der Antrag gestellt worden, dieses „wegen" vor den Worten „der Zollgelder" zu streichen, weil der Anspruch auf Ersatz der Zollgelder auch eine Forderung

---

Liegegelder, sowie wegen der Zollgelder und anderer Auslagen ein Pfandrecht an dem Frachtgute u. s. w.

[1] Protocolle S. 4759.

[2] Protocolle S. 5103.

sei, welche durch den Frachtvertrag resp. durch Ausführung desselben begründet würden. Dieser Antrag wollte also die „Zollgelder und andern Auslagen“ bloss als Beispiele „der durch den Frachtvertrag begründeten Forderungen“ neben „den Fracht- und Liegegeldern“ aufgeführt wissen. Die Majorität der Commission war jedoch der Ansicht, dass die durch den Antragsteller dargelegte Auffassung der Worte „durch den Frachtvertrag begründeten“ jeder erkennbaren Begrenzung entbehre, indem sie darunter auch solche Forderungen subsumire, die durch die Ausführung des Frachtvertrags entstanden seien und verwarf den Antrag auf Streichung des „wegen“.

Daraus folgert nun Laband, „dass diese eben angeführten Worte strict zu interpretiren und nur auf diejenigen Ansprüche des Frachtführers zu beschränken seien, welche ihm für den Transport selbst dem Frachtvertrag gemäss zustehen, dass sie dagegen nicht von Verwendungen auf das Frachtgut zu verstehen seien. Um so weiter seien dagegen die Grenzen der zweiten Kategorie gesteckt, indem unter die „„andern Auslagen““ alle mit Beziehung auf das Frachtgut hei Ausführung des Frachtvertrags gemachten Verwendungen fallen.“[1] Nach Laband will also das Gesetz folgende Unterscheidungen machen;

1. die durch den Frachtvertrag selbst begründeten Ansprüche;
2. die durch die Ausführung des Frachtvertrags begründeten Ansprüche.

Hierbei ist jedoch zu bemerken, dass der Gesetzgeber zwar diese Unterscheidung im Auge gehabt zu haben scheint, dass er sie aber nur halb durchgeführt hat, denn er erwähnt als Beispiel zu den „durch den Frachtvertrag begründeten“ Forderungen die Liegegelder und diese entstehen doch ebensowenig direct aus dem Frachtvertrag als die in der zweiten Kategorie genannten Zollgelder, vielmehr werden sie wie diese letzteren erst durch die Ausführung des Frachtvertrags mittelbar begründet. Die Fassung des Eingangs des Art. 409

[1] Laband a. a. O. S. 474.

HGB dürfte daher wohl mit Recht als eine nicht vollständig gelungene bezeichnet werden, umsomehr als diese Unterscheidung gänzlich ohne Zweck ist, da beide Kategorien von Forderungen dem Pfandrecht des Frachtführers in gleichem Masse unterworfen sind.[1]

Es fragt sich nun, unter welche dieser beiden Kategorien von Forderungen die Forderung des Frachtführers aus der Zahlung von Vorschüssen an den Absender sich subsumiren lässt?

Unter den durch die Ausführung des Frachtvertrags begründeten Forderungen werden die Auslagen des Frachtführers aufgeführt. Unter Auslagen hat man Verwendungen aller Art in Beziehung auf das Gut zu verstehen, welche behufs Ausführung des Transports erforderlich werden können.[2] Nun ist die Zahlung eines Vorschusses an den Absender eine solche nützliche Verwendung, weil der Absender gewöhnlich ohne Zahlung des Vorschusses das Gut nicht aus den Händen gibt, somit erst durch diese Tilgung des vom Absender geltend gemachten Anspruchs dessen Transport ermöglicht wird.[3] Wir müssen also die Werthnachnahme als unter den Forderungen wegen Auslagen mit inbegriffen betrachten: diese Vorschüsse können als Auslagen insofern bezeichnet werden, als sie Geldbeträge darstellen, welche der Frachtführer aus Anlass des Frachtvertrags verauslagt hat.[4]

Auch die Nürnberger Commission hat diese Vorschüsse als in den Auslagen mit inbegriffen angesehen, wie dies aus den Protocollen[5] hervorgeht. Aus der bei der Berathung des Art. 317 des preussischen Entwurfs geäusserten Ansicht, dass die Nachnahme, welche erst nach Eingang dem Absender vom Frachtführer bezahlt würde, nicht zu den Auslagen gehört, lässt sich durch argumentum e contrario die Ansicht folgern, dass dagegen die Bezahlung von Vorschüssen an den Absender eine Auslage sei.

---

[1] Vgl. Eger II S. 544.
[2] Eger II S. 546.
[3] Vgl. ROHG Bd. XX, S. 190 in fine.
[4] Eger II S. 547.
[5] Protocolle S. 842.

Schliesslich ergibt die Analogie des Art. 374 HGB, durch welchen dem Commissionair für die rücksichtlich des Commissionsguts gegebenen Vorschüsse ein Pfandrecht an letzterem gewährt wird und ebenso die des Art. 382 l. c., welcher dem Spediteur wegen der auf das Speditionsgut dem Versender geleisteten Vorschüsse — welche beiden Ausdrücke offenbar dasselbe bedeuten — ein Pfandrecht gibt, dass auch derartige Forderungen des Frachtführers zu den in Art. 409 aufgezählten durch ein Pfandrecht geschützten Forderungen gehören.

Es gelten somit Mangels besonderer Vorschriften bezüglich der Werthnachnahme beim Frachtgeschäft analog die im Art. 382 HGB enthaltenen bezüglich der Werthnachnahmeforderung des Spediteurs aufgestellten Bestimmungen. Mutatis mutandis kommen also hier die schon bezüglich der Werthnachnahme des Spediteurs aufgestellten Regeln zur Anwendung:

1. Der Vorschuss muss dem Absender gegeben sein. Absender ist derjenige, der mit dem Frachtführer den Frachtvertrag abschliesst, wobei es gleichgültig ist, ob er denselben für eigene oder ob er ihn für fremde Rechnung abschliesst, wie es beim Spediteur der Fall ist. Tritt bei der Beförderung eines Guts neben dem Frachtführer noch ein Spediteur auf, so hat man zwischen Versender und Absender zu unterscheiden. Versender ist stets derjenige, für dessen Rechnung der Frachtvertrag durch den Spediteur abgeschlossen wird, Versender ist die technische Bezeichnung des Committenten des Spediteurs, während der Spediteur dem Frachtführer gegenüber Absender ist.

Ebenso wie mehrere Spediteure aufeinander folgen können, kann es nun vorkommen, dass auch mehrere Frachtführer nach einander beim Transport thätig werden. Es fragt sich, ob in diesem Fall der Frachtführer, der das Gut einem nachfolgenden Frachtführer zum Weitertransport übergibt, diesem letzteren gegenüber Absender und mithin der von ihm entnommene Vorschuss eine Werthnachnahme ist? Diese Frage ist unbedingt zu bejahen für den Fall, dass der erste Frachtführer den Transport nur für eine bestimmte

Theilstrecke übernommen hat und an dem Endpunkte derselben als Spediteur die Waare einem andern Frachtführer zum Weitertransport übergibt. Sie ist es aber auch für den Fall, wenn der erste Frachtführer den Transport für die ganze Strecke übernommen hat, aber ihn nur auf einem Theil derselben selbst ausführt und für den Rest der Strecke den Transport einem andern (Unter- oder Zwischen-) Frachtführer überlässt. In diesem Falle schliesst er mit dem Nachmann einen Unterfrachtvertrag ab, gilt also diesem gegenüber als Absender, und wenn er von ihm einen Vorschuss entnimmt, so hat der Nachmann ebenso ein Pfandrecht als der Zwischenspediteur, der dem vorangehenden Spediteur einen Vorschuss macht.

Werthnachnahmeforderungen sind also sowohl Forderungen aus Vorschüssen, die an den Absender, als auch Forderungen aus Vorschüssen, die im Fall der Aufeinanderfolge mehrerer Frachtführer von den Nachmännern den Vormännern gemacht werden. Derartige Fälle, dass Spediteure von Zwischenspediteuren oder Frachtführer von nachfolgenden Frachtführern Vorschüsse entnehmen wegen Forderungen, die nicht mit dem Transport zusammenhängen, dürften wohl ziemlich seltene sein. Nicht zu verwechseln dagegen ist mit dieser Zahlung von Vorschüssen durch den Nachmann an den Vormann die sehr häufig vorkommende Befriedigung des Vormanns wegen Provisions- oder Frachtforderungen, wovon später die Rede sein wird.

2. Der Vorschuss muss dem Absender oder Vormann rücksichtlich des Guts gemacht werden.

3. Ob der Vorschuss mit Recht gegeben ist oder nicht, ist irrelevant, es genügt dass derselbe in bona fide gegeben sei.

Ausführlichere Bestimmungen über diese Vorschüsse enthält das Eisenbahnbetriebsreglement vom 1. Juli 1874, dessen Bestimmungen ergänzend und erläuternd denjenigen des HGB zur Seite treten. Dasselbe bestimmt im § 54 Abs. 2: „Auch Vorschüsse auf den Werth des Guts werden bis auf die Höhe von 300 Mark zugelassen, wenn dieselben nach dem Ermessen des expedirenden Beamten durch den Werth des Guts sicher gedeckt sind."

Jeder Absender hat somit das Recht, von der Eisenbahnverwaltung, welcher er ein Gut zum Transport übergibt, einen Vorschuss bis zum Betrage von 800 Mark zu verlangen, vorausgesetzt dass dieselbe selbst im Fall einer möglichen Werthverringerung des Guts für diesen Betrag, sowie für später etwa hinzukommende Fracht- und andere durch den Transport entstandene Forderungen nach dem Ermessen des Beamten, welcher das Gut in Empfang nimmt, hinreichend gedeckt ist. Da dies Ermessen nicht der freien Willkür unterliegt, so hat im Fall eines Streites darüber, ob auch wirklich der Werth des Guts der Eisenbahn genügende Sicherheit gewährt, der Richter zu entscheiden. Hat ein Beamter culposer Weise auf ein Gut, von dem er annehmen musste, dass sein Werth die Eisenbahn nicht hinreichend decke, solche Vorschüsse gezahlt, so haftet er der Eisenbahn, wenn dieselbe in Folge davon Verluste erleidet persönlich.

In keinem Falle werden demgemäss Vorschüsse gegeben auf Güter, die nach dem Art. 20 (22) des am 31. Januar 1881 in Kraft getretenen Uebereinkommens zum Betriebs-Reglement des Vereins Deutscher Eisenbahnverwaltungen wegen ihres leichten Verderbs nur gegen Vorauszahlung der Fracht zur Beförderung angenommen werden, wie z. B. Eis, Hefe, Fleisch, Wildpret, Fische, Obst etc.

Ueber 300 Mark hinausgehende Vorschüsse kann der Absender, selbst wenn der Werth des Guts den verlangten Vorschuss noch weit übersteigt, nicht verlangen. Diese Beschränkung der Auszahlung von Vorschüssen auf diesen verhältnissmässig geringen Betrag beruht erstens auf der Erfahrung, dass grössere Waarensendungen nur dann zu erfolgen pflegen, wenn der Absender gewisse Garantien, wie z. B. die Solidität des Empfängers, den Credit desselben, für die Befriedigung seiner Forderung hat und desshalb nicht auf dieses Sicherungsmittel durch Nachnahme zu recurriren braucht. Die Entnahme von Vorschüssen auf eine Waare bekundet in der Regel seitens des Absenders einen Mangel an Vertrauen in den Empfänger und grosse Distanzgeschäfte ohne Vertrauen sind wohl eine Seltenheit. Auf der andern Seite wäre es unbillig, wenn man den Eisenbahnen ein allzugrosses Risico aufbürden wollte, da das Gut, auf welches der Vorschuss entnommen ist, durch vis major oder sonstwie zu Grunde gehen und an Werth verlieren kann, und dann die Eisenbahn im Falle der Insolvenz des Absenders, gegen den sie in diesem Fall regrediren würde, möglicher Weise mit ihrer Forderung ausfiele. Auch im Interesse der Einheitlichkeit des Nachnahmeverfahrens ist diese Beschränkung der Entnahme von Vorschüssen überaus angemessen. Vorschüsse, die etwa eine Eisenbahn von einer nachfolgenden Bahn, welche den Transport weiter ausführt, entnehmen könnte, wegen irgend einer Forderung, die ihr gegen den Destinatar zusteht, und welche nach dem oben Seite 22 und 23 Gesagten an und für sich zulässig wären, sind im Reglement mit keiner Silbe erwähnt und dürften wohl im Eisenbahnverkehr nicht vorkommen.

Es fragt sich nun noch, welches denn eigentlich die juristische Natur dieser Werthnahnachnahme im Voraus sei. Es ist behauptet worden,[1] im Hinblick darauf, dass diese Vorschüsse auf das Gut sofort ausgezahlt würden, dass dieselben dem eigentlichen Begriff der Nachnahme (Entnahme nach Eingang) nicht entsprächen, und dass es an sich sprachlich einen Widerspruch bilde, sie als Nachnahmen (Werthnachnahmen) zu bezeichnen, da sie richtiger Vorausnahmen seien, dass hier vielmehr ein Darlehnsgeschäft gegen Pfand (Belehungsgeschäft, Lombard) vorläge, indem der Frachtführer oder Spediteur dem Versender einen Vorschuss auf den Werth des Guts mache und dann nur gegen Tilgung des Vorschusses an den Empfänger ausliefere.

Wir lassen es dahingestellt, inwiefern diese Bezeichnung der Vorschüsse als Nachnahme eine gerechtfertigte ist, auf jeden Fall ist falsch die Auffassung dieser Vorschüsse als Darlehen, denn wie kann man von einem Darlehen dann reden, wenn von vornherein zwischen dem Darlehnsgeber

[1] z. B. Epstein, das neue österreichische Eisenbahn-Betriebs-Reglement S. 64.

und dem Darlehnsempfänger ausgemacht ist, dass ein Dritter die Darlehnssumme zurückzahle? Diese Vorschüsse sind vielmehr eine nützliche Verwendung auf das Gut, wie wir schon oben ausgeführt haben, eine Auslage durch welche das Gut von einer Verstrickung befreit wird.[1]

Diese Verstrickung des Guts tritt ein in Folge einer Auflage einer Geldsumme auf das Gut durch den Versender resp. Absender, ohne deren Zahlung an den Auflegenden das Gut an den Destinatar nicht ausgeliefert werden darf; durch diese Auflage wird also die Beförderung oder vielmehr der letzte Act dieser Beförderung, die Auslieferung, gehemmt. Diese Beförderung wird wieder ermöglicht dadurch, dass der Spediteur oder Frachtführer den Betrag der aufgelegten Geldsumme vorschiesst, verauslagt.

Allein diese Natur der Werthnachnahme im Voraus als Auslage, als nützliche Verwendung auf das Gut rechtfertigt auch deren Schutz durch ein ausserordentliches gesetzliches Pfandrecht an dem Gut; es lässt sich gar nicht ersehen, warum man zum Schutz einer blossen Dahrlehnsforderung dem Spediteur oder Frachtführer dieses eigenthümliche und mächtige Sicherungsmittel bewilligt hätte, um so mehr als die Nürnberger Commission sich mit aller Entschiedenheit, einstimmig gegen die Ertheilung eines Pfandrechts für Darlehnsforderungen des Spediteurs und mithin auch des Frachtführers ausgesprochen hat.

## Cap. II.

### Die Werthnachnahme nach Eingang.

Nicht immer ist es der Fall, dass der Spediteur oder Frachtführer den vom Aufgeber des Guts begehrten Vorschuss im Voraus zahlt, vielmehr kommt es auch ebenso häufig vor, dass er dem Aufgeber blos verspricht, die verlangte Summe bei der Ablieferung des Guts vom Destinatar einzuziehen und sodann an ihn auszuzahlen. Dann haben wir den Fall der Werthnachnahme nach Eingang. Es ist unrichtig, wenn

[1] Vgl. hierfür sowie für das Folgende Schott, a. a. O. S. 414, 415.

Anschütz[1] und Eger[2] behaupten, ohne dies übrigens zu begründen, dass hier überhaupt keine Nachnahme vorliege. Denn unter Nachnahme haben wir bekanntlich eine auf den Destinatar zur Zahlung angewiesene Forderung des Absenders zu verstehen, die das Gut derartig verstrickt, dass dessen Auslieferung an den Destinatar ohne deren Zahlung unmöglich wird. Nicht ist also zum Wesen der Nachnahme erforderlich, dass die Vorschüsse bereits geleistet, nicht bloss versprochen seien, weil nur im ersten Fall eine Auslage vorläge, denn zum Wesen der Nachnahmeforderung gehört nicht, dass der Betrag derselben dem Gläubiger von einem Andern bereits verauslagt sei, sondern bloss, dass derselbe auf den Destinatar angewiesen werde. Wenn Eger a. a. O. eine Nachnahme nur dann annimmt, wenn durch Zahlung eines Vorschusses gewissermassen eine Auslage auf das Gut gemacht wird, so steht er mit sich selbst im Widerspruch, denn an einer andern Stelle seines Commentars[3] sagt er in Uebereinstimmung mit Epstein, dass solche Vorschüsse, die im Voraus geleistet würden, dem eigentlichen Begriffe der Nachnahme nicht entsprächen. Man fragt sich dann, wann überhaupt denn eine Nachnahme bestehen soll?

Im Gegentheil auch hier, ebenso wie bei der Nachnahme im Voraus liegen die oben S. 5 und 6 ff. aufgestellten Requisite der Nachnahmeforderung vor, nämlich dass dieselbe auf den Destinatar zur Zahlung angewiesen sei und dass die Auslieferung des Guts nur gegen Befriedigung erfolgen kann und erfolgen darf.

Rücksichtlich des ersten Erfordernisses ist Folgendes zu bemerken: Neben dem auf die Beförderung des Guts gerichteten Speditions- resp. Frachtgeschäft, wird noch ein zweites Rechtsgeschäft, eine sog. Anweisung abgeschlossen. Auf der einen Seite ertheilt nämlich der Absender dem Spediteur resp. Frachtführer den Auftrag, von dem Destinatar eine bestimmte Summe bei der Ablieferung des Guts zu erheben und dann ihm zukommen zu lassen, welcher Auftrag mit der Ueber-

---

[1] Anschütz und Völderndorff, Commentar zu Art. 382, Anm. 32.
[2] Eger II, S. 550.
[3] Eger II, S. 370.

nahme des Guts zugleich übernommen wird. Es liegt also hier ebenfalls wie bei der Werthnachnahme im Voraus ein Eincassirungsmandat vor, während aber dasselbe dort ein mandatum in rem suam, d. h. zu Gunsten des beauftragten Spediteurs etc. war — denn dieser war ja Gläubiger der einzucassirenden Forderung durch Vorschiessung des Betrags derselben an den ursprünglichen Gäubiger geworden — haben wir hier ein Mandat zu Gunsten des Absenders also des Mandanten. Neben diesem Eincassirungsmandat ertheilt sodann der Aufgeber des Guts, ebenso wie bei der Werthnachnahme im Voraus, dem Destinatar einen Zahlungsauftrag des Inhalts, dass er dem Ablieferer des Guts die auf dem Frachtbrief vermerkte oder sonstwie geltend gemachte Nachnahme zahlen soll.

Auf Grund des ersten Mandats, also des Eincassirungsmandats haftet der Spediteur oder Frachtführer mit der Sorgfalt eines ordentlichen Kaufmanns[1]. Zu dieser Sorgfalt gehört auch, und hiermit kommen wir auf das zweite Requisit der Nachnahme, dass der Mandatar also der abliefernde Spediteur oder Frachtführer das Gut nur gegen Zahlung der Nachnahme dem Destinatar aushändigt. Während also bei der Nachnahme im Voraus die Verstrickung eines Guts, d. h. das Hinderniss der Auslieferung desselben an den Destinatar durch ein Pfandrecht bewirkt wird, welches dem Ablieferer selbst zustand, tritt dieselbe hier nicht mit solch intensiver Kraft anf. Das Ablieferungshinderniss ist hier nicht ein Pfandrecht, sondern die blosse Anordnung des Absenders, die der Spediteur resp. Frachtführer bei der Uebernahme des Guts bei eigener Haftung auszuführen versprochen hat, eine Anordnung, die gegeben wurde auf Grund eines Rechts des Absenders, das Gut nur gegen Zahlung des Destinatars diesem auszuliefern. Dieses Ablieferungshinderniss, sagten wir, tritt nicht mit solch intensiver Kraft hervor, wie bei der Nachnahme im Voraus, denn, während dort dasselbe durch den

---

[1] Vgl. l 11 C. mandati, 4, 35: Procuratorem non tantum pro his quae gessit, sed etiam pro his quae gerenda suscepit, et tam propter exactam, ex mandato pecuniam quam non exactam, tam udolum quam culpam sumptuum ratione bona fide habita praestare necesse est.

eigentlichen Interessenten, den pfandberechtigten Ablieferer geltend gemacht wurde, dem gegenüber keine Einrede, als höchstens die des mangelnden guten Glaubens erhoben werden konnte, wird es hier durch einen Bevollmächtigten des eigentlichen Berechtigten geltend gemacht und zwar nicht auf Grund eines Pfandrechts, das diesem etwa zustände, sondern auf Grund eines weit schwächeren Rechts, je nach dem Rechtsvechältniss, welches zwischen Absender und Destinatar bestand, und dem Einreden aller Art entgegengehalten werden können.

Hat nun der Absender ein Recht, das Gut zurückzuhalten, wenn er für seine Forderung nicht befriedigt wird, z. B. ein Retentionsrecht auf Grund der Art. 313—316 HGB, so hat der Spediteur oder Frachtführer mit Aufwendung aller Sorgfalt, dem Auftrag, die Nachnahme zu erheben eventuell das Gut zu retiniren, Folge zu leisten. Thut er dies nicht, so macht er sich dadurch eines vertretbaren Versehens schuldig und hat dem Versender, dem dann die actio mandati directa zusteht, den entstandenen Schaden zu ersetzen, nach der allgemein im Handelsverkehr geltenden Regel: „Ergangener Anordnung gehorchen oder zahlen". Neben der actio mandati ist auch noch die zutreffende Contractsklage zulässig, indem die Uebernahme des Eincassirungsauftrags als Bestandtheil des auf die Beförderung des Guts gerichteten Speditions- oder Frachtgeschäfts aufgefasst wird.

Der mit einer dieser Klagen wegen culposer Ablieferung des Guts belangte Spediteur oder Frachtführer kann dagegen nicht den dilatorischen Einwand erheben, dass er die Nachnahme erst dann dem Aufgeber verabfolgen müsse, wenn die Zahlung seitens des Destinatars geleistet sei, denn er hat den Empfänger gleichsam davon dispensirt, indem er ihm auf eigene Faust creditirte, dadurch dass er ihm das Gut ohne Geltendmachung der Nachnahmeforderung ablieferte. Ebensowenig kann der belangte Spediteur oder Frachtführer verlangen, dass der Aufgeber zuerst gegen den Empfänger klage, denn aus der Uebernahme des Eincassirungsauftrags haftet er primär dem Absender und es bleibt ihm anheimgestellt, nicht aber darf dies dem Absender zugemuthet werden, dann gegen den Destinatar zu regrediren, weil dieser nicht berechtigt war, ohne Zahlung des Nachnahmebetrags in den Besitz des Guts zu treten [1].

Jedoch hat der Aufgeber, da seine Klage auf das Interesse geht, keine Klage dann, wenn ihm aus dieser Vertragsverletzung seines Mandatars kein Schaden erwachsen ist. Dies besagt auch ein Urtheil des Appellationsgerichts zu Cöln vom 11. November 1874: „Wenn der Frachtführer das ihm vom Spediteur übergebene Gut, ohne Erhebung der bedungenen Nachnahme ausliefert, so erwächst letzterem daraus nicht unbedingt das Recht, entweder die Rückgabe des Guts oder Zahlung der Nachnahme zu verlangen. Ein solches Recht besteht alsdann nicht, wenn aus der angegebenen Vertragsverletzung ein Schaden für den Spediteur gar nicht entstanden ist.“ Daraus folgt auch, dass der Ablieferer nicht schlechtweg für den ganzen Betrag der Nachnahme haftet, sondern nur bis zum Betrage des Werths des Speditions- und Frachtguts und dass derselbe also nicht mehr dem Aufgeber zu leisten hat, als der Werth des Guts betrug, mag auch der Betrag der Nachnahme denselben überstiegen haben.[2]

Bei dieser Klage gegen den Spediteur oder Frachtführer auf Schadensersatz hat der klagende Absender die Auflage der Nachnahme zu beweisen, was meistens durch den Frachtbrief geschehen wird. Dem gegenüber entlastet sich der Beklagte durch den Beweis, dass er die Nachnahme bereits dem Absender gezahlt oder das Gut dem Kläger zurückgeliefert hat, oder dass, obschon weder das eine noch das andere geschehen, der Nachnehmende doch keinen Schaden,

---

[1] Vgl. Urtheil des Handelsappellationsgerichts zu Nürnberg vom 5. März 1869 in Goldschmidts Zeitschrift Bd. XIX, S. 592.

[2] Vgl. Erkenntniss des ROHG ebendas. S. 594: „Der durch das Versehen der Verklagten (nämlich der mit der Eincassirung der Nachnahme beauftragten Eisenbahn) für den Kläger herbeigeführte Schaden, besteht somit darin, dass ihr das Frachtgut (die Bretter) als Pfand (scilicet Retentionsobject nach Art 313 HGB) ihrer Forderung von 150 Rubeln entzogen sind. Bis zu dieser Höhe würde somit der Verklagte Ersatz zu leisten verbunden sein, und kommt es somit wesentlich auf den Werth der Bretter an.

oder einen geringeren Schaden, als die Nachnahmesumme beträgt, erlitten hat, endlich auch dadurch, dass er ohne sein Verschulden den Besitz des Guts verloren habe, z. B. indem er in einem fremden Lande gezwungen worden sei, das Gut an den Destinatar auszuliefern.[1]

Nähere Bestimmungen über die Werthnachnahme nach Eingang enthält für den Eisenbahnverkehr das Eisenbahnbetriebsreglement in § 54 Abs. 2 und zu diesem der Art. 24 (22) des Uebereinkommens.

Zwar spricht der bereits oben S. 23 und 24 citirte Abs. 2 des § 54 BR schlechtweg von Vorschüssen auf den Werth des Guts; man könnte also meinen, dass darunter nur solche Nachnahmen gemeint sind, welche von der Bahn sofort bei der Aufgabe des Guts dem Nachnehmenden ausgezahlt werden: Dies ist jedoch nicht der Fall, der Abs. 2 des § 54 BR versteht unter Vorschüssen auch solche Zahlungen, welche erst nach Eingang seitens des Destinatars ausgezahlt werden. Dies bestätigt der Abs. 6 desselben § wo diese Nachnahmen ausdrücklich erwähnt werden. Solche Werthnachnahmen nach Eingang werden gleichfalls, wie die im Voraus gegebenen Vorschüsse bis zum Betrage von 300 Mark zugelassen und zwar bei allen Gütern, gleichviel ob der Werth desselben den Betrag der Nachnahme übersteigt oder nicht, also auch bei solchen Gütern die nach Art. 20 des Uebereinkommens zu § 53 BR dem Francaturzwange unterliegen, ebenso auch bei Francosendungen und bei Bahnhofrestantgütern auf welche Nachnahmen im Voraus nicht gegeben werden.

Hinsichtlich der auf diese drei letzten Kategorien von Gütern aufgelegten Nachnahmen, sowie auch überhaupt von Nachnahmen von 150 Mark und darüber gilt jedoch auf Grund des Abs. 1 Art. 24 (22) des Uebereinkommens die Bestimmung, dass dieselben dem Nachnehmenden erst dann ausbezahlt werden, wenn die Aufgabestation von der Empfangsstation die positive Anzeige über die erfolgte Zahlung der Nachnahme seitens des Empfängers erhalten hat.

[1] Vgl. über diese letztere Einrede auch ein Erkenntniss des Obertribunals zu Stuttgart vom 19. Februar 1851 in Seufferts Archiv Bd. 4, S. 244, 2.

Diesen Nachnahmen gegenüber sind Nachnahmen unter 150 Mark in Bezug auf Güter, deren Transport auf den Bahnen des Vereins Deutscher Eisenbahnen endet, privilegirt, denn solche werden auf Grund des Art. 24 (22) des Uebereinkommens, falls nicht bereits früher Anzeige über die erfolgte Zahlung eingegangen ist oder von der Empfangsstation wegen deren Nichtzahlung Einspruch erhoben worden ist, nach Ablauf von 3 Wochen vom Tage der Expedition an gerechnet dem Nachnehmenden ausgezahlt. Bis 1865 wurden Nachnahmen überhaupt erst ausgezahlt, wenn die Empfangsstation von deren Eingang seitens des Destinatars Nachricht erhalten hatte, wodurch man verhindern wollte, dass eine etwa nicht eingegangene Nachnahme dem Aufgeber ausgezahlt würde. Dies hatte aber zur Folge, dass die Auszahlungen in ausserordentlicher Weise verzögert wurde und auch ferner noch, dass die Empfangsstationen mit einer grossen Anzahl von Anzeigen belastet wurden. Desshalb wurde beschlossen, in den Fällen, in welchen das Risico der Bahn 150 Mark nicht überstieg, von der Benachrichtigung der Aufgabestation durch die Empfangstation über den Eingang der Nachnahme abzusehen, und man begnügte sich, mit der Auszahlung eine bestimmt vorgeschriebene Zeit zu warten, welche erfahrungsgemäss ausreichte, um gegebenen Falls die Aufgabestation von der Nichtausgleichung der Nachnahme zu unterrichten und nach deren Ablauf die Auszahlung an den Nachnehmenden ohne positive Anzeige erfolgen durfte.

Bei der Aufgabe des Guts verlangt nun häufig der Aufgeber, der eine Nachnahme auf dasselbe legt, darüber eine Bescheinigung von der Versandtstation, einerseits um der Bahn gegenüber zu beweisen, dass die Nachnahme angelegt ist, andererseits um sich nach Eingang derselben als den berechtigten Empfänger legitimiren zu können. Diese Bescheinigung kann in verschiedener Form gegeben werden.

In der Regel dient hierzu der abgestempelte Originalfrachtbrief, welcher vom Empfänger des Guts zu diesem Zwecke zurückgeschickt wird. Oder die Bescheinigung wird gegeben durch Ausfertigung eines Duplikats des Originalfrachtbriefs an den Nachnehmenden. Dieses Duplikat muss mit dem Original gleichlautend sein und auch die auf diesem befindlichen Stempel enthalten; es hat jedoch processualisch nur die Beweiskraft einer Privaturkunde, selbst wenn der Stempel der Güterexpedition einer Staatsbahn aufgedrückt ist, und somit muss im Bestreitungsfalle die Aechtheit einer solchen Urkunde nach den Regeln des Processrechts über Privaturkunden bewiesen werden. Statt des Frachtbriefduplicats kann der Nachnehmende auch die Ausstellung eines Aufnahmescheins verlangen. Endlich kann diese Bescheinigung der Auflage einer Nachnahme noch erfolgen durch Ertheilung eines besonderen Nachnahmescheins, welchen der Nachnehmende neben den bisher besprochenen Bescheinigungen verlangen darf. Ein solcher Nachnahmeschein enthält lediglich die Erklärung, dass und welche Nachnahme aufgelegt ist, und ist auf Grund des § 54 Abs. 5 BR, wo die bezüglich der Bescheinigung geltenden Bestimmungen aufgestellt sind, gebührenfrei auszustellen.

Wird die Nachnahmesumme vom Empfänger ausgeglichen, so kann der Nachnehmende bei der Versandstation die Auszahlung fordern unter Vorweisung, sei es nun des Frachtbriefduplicats oder des Aufnahmescheins oder Nachnahmescheins oder des zurückgesandten Originalfrachtbriefs. Dies sind sog. Legitimationspapiere, d. h. Papiere, bei welchen der Schuldner schlechtweg der Prüfung enthoben ist, ob der Praesentant auch wirklich Destinatar der Leistung sei. Die Aufgabestation darf also die Praesentation dieser Papiere ansehen als genügende Legitimation.

Bei grössern Absendern, besonders bei Spediteuren werden diese einzelnen Nachnahmescheine vereinigt zu sog. Nachnahmegegenbüchern.

Verschieden von den dem Nachnehmenden ausgestellten Nachnahmescheinen sind die sog. Nachnahmebegleitscheine. Es sind dies Scheine, welche auf Grund des Art. 24 (22) Nr. 1 Abs. 2 des Uebereinkommens im Fall, dass Nachnahmen von 150 Mark und darüber erhoben werden, ferner von Nachnahmen auf Güter, welche dem Frankaturzwang unterliegen und auf Bahnhofrestantgüter, endlich bei allen Nachnahmen im Verkehr mit ausserdeutschen Staaten dem

Frachtbrief beigegeben werden und vor deren Rückkunft von der Empfangsstation die Nachnahme nicht ausgezahlt werden darf. Auf ihnen wird von der Empfangsstation die erfolgte Zahlung der Nachnahme oder die verweigerte Abnahme des Guts oder Beanstandung der Zahlung durch den Destinatar vermerkt und dieselben werden dann unverzüglich an die Versandstation zur Benachrichtigung zurückgesandt. Bei Nachnahmen unter 150 Mark, welche, wenn die Empfangsstation schweigt, nach 3 Wochen ausgezahlt werden, wird gewöhnlich ein solcher Nachnahmebegleitschein dem Frachtbrief nicht beigegeben, geschieht dies jedoch, so darf vor dessen Rückkehr die Auszahlung auf der Versandstation nicht erfolgen.

An dieser Stelle ist auch noch kurz die Postnachnahme zu erwähnen. Die Post gewährt nämlich bei der Beförderung von Paketen dem Absender die Möglichkeit eine Nachnahme aufzulegen und verspricht, dieselbe bei der Ablieferung vom Adressaten einzuziehen. Werthnachnahmen im Voraus sind nach der Postordnung vom 8. März 1879 unzulässig, wohl aber waren sie, allerdings nur ausnahmsweise, nach der Postordnung vom 18. December 1874;[1] dagegen können Werthnachnahmen nach Eingang bis zum Betrag von 150 Mark, ja wenn es sich um Beförderungsauslagen und ähnliche Kosten handelt, noch höhere Beträge auf die Sendung gelegt werden.[2]

Bei der Aufgabe zur Post erhält der Einlieferer des Guts eine Bescheinigung über die Auflage einer Nachnahme des Inhalts, dass der Betrag derselben, sobald die Sendung vom Adressaten eingelöst sei, ihm ausgezahlt werden solle. Wird die Nachnahme vom Adressaten gezahlt, so wird der Betrag derselben von der Bestimmungsanstalt unverzüglich dem Absender mittels Postanweisung ohne Abzug übermittelt.[3]

Wird dagegen die Nachnahmesendung innerhalb 7 Tagen vom Adressaten nicht eingelöst, so wird sie der Auf-

---

[1] Postordnung vom 18. Dez. 1874 § 19 Nr. IV a. E.

[2] Postordnung vom 8. März 1879 § 18 Nr. II.

[3] Postordnung vom 8. März 1879 § 18 Nr. VI.

gabepostanstalt zurückgesandt und von dieser gegen Erhebung der trotzdem geschuldeten Nachnahmegebühren dem Aufgeber übermittelt.

---

ZWEITER ABSCHNITT.

# DIE SPESENNACHNAHME.

## Cap. I.

### Allgemeines.

Bisher war bloss von der Nachnahme von Forderungen des Versenders oder Absenders einer Waare die Rede, deren Entstehung nicht mit dem Transport des Gutes zusammenhängt. Durch den Transport resp. Versendung selbst wird aber ebenfalls eine Reihe von Ansprüchen, sowohl für den Spediteur als auch für den Frachtführer begründet, deren Befriedigung statt direct durch den Empfänger, ebenfalls wieder durch das so bequeme Mittel der Nachnahme erfolgt und zwar ist dies besonders der Fall, wenn der Transport nicht bloss durch einen Spediteur oder einen Frachtführer, sondern, wie dies bei der Beförderung eines Guts auf grössere Entfernungen hin regelmässig eintritt, durch eine Reihe von nach einander thätig werdenden Spediteuren oder Frachtführern geschieht. Im Gegensatz zu der Werthnachnahme, d. h. der Zahlung von Vorschüssen auf das Gut, werden wir die Nachnahme von Transportforderungen auf das Gut als Spesennachnahme bezeichnen.

Wir unterscheiden innerhalb dieser Nachnahmeart zunächst eine Spesennachnahme im engern Sinn und eine sog. Auslagennachnahme, je nach der Natur der Transportforderungen, welche nachgenommen werden können.

Die Spesennachnahme im engern Sinn besteht in der Nachnahme von Forderungen, sei es des Spediteurs oder

Frachtführers, die mit der Versendung resp. dem eigentlichen Transport des Guts im engsten Zusammenhange stehen. Solche Forderungen sind der durch die Versendung verdiente Lohn, die sog. Provision des Spediteurs oder Zwischenspediteurs und die Fracht, auf welche die den Transport selbst besorgenden Frachtführer Anspruch haben. Ferner gehören hierher die Gebühren für gewisse mit dem Transport eng zusammenhängende Müheleistungen des Spediteurs oder Frachtführers und ihrer Leute, z. B. für Abholen des Guts, Verpacken, Wägen, Messen, Lagern (Lagermiethe), Auf-, Um- und Abladen, Löschen, Abfahren u. s. w. Alle diese Forderungen pflegt man unter dem allgemeinen Ausdruck Spesen zusammenzufassen.

Unter Auslagennachnahme versteht man, wie es der Name schon aussagt, die Nachnahme von Auslagen d. h. aller mit Beziehung auf das Frachtgut bei Ausführung des Speditions- oder Frachtvertrags gemachten Verwendungen.[1] Hierher gehören in erster Linie die dem Versender oder Absender gegebenen Vorschüsse, ferner die in Art. 409 HGB genannten Liegegelder und Zoll- und Steuergebühren im weitesten Sinn, also die Eingangs-, Durchgangs- und Ausgangsabgaben, die Kosten für die zoll- und steueramtliche Behandlung und Abfertigung, z. B. für Zollplombirung, Einschreibegebühren, die Strafgelder wegen Nichtbeobachtung der Zoll- und Steuervorschriften, z. B. Zollcontraventionsstrafen in Folge unrichtiger Declaration des Absenders, insoweit sie ihm zur Last fallen, ferner sind hier zu nennen ähnliche Gebühren, z. B. für die Sanitätscontrolle; sodann auch die Krahn- und Werftgelder, Verpackungs- und Reparaturunkosten, endlich noch Maklerlohn, wenn der Spediteur z. B. bei der Versendung einen Frachtmakler hinzugezogen hat, und das Briefporto.

Nach Art. 381, dessen Inhalt auch analog auf den Frachtführer anzudehnen ist, hat der Spediteur nur Anspruch auf Ersatz solcher Auslagen, welche zum Zweck der Versendung resp. des Transports „nothwendig oder nützlich“

---

[1] Vgl. Laband a. a. O. 474.

aufgewendet sind, d. h. für solche, die durch die übliche Art der Versendung und das übliche Mass der hierfür erforderlichen Verwendungen ihre Rechtfertigung finden. Es versteht sich von selbst, dass nur derartige Verwendungen nachgenommen werden können, welche der Spediteur oder Frachtführer, wenn er das Gut direct an den Destinatar ablieferte, von diesem ersetzt verlangen könnte. Wird eine „nicht“ nothwendig oder nützlich aufgewendete Auslage vom Spediteur oder Frachtführer nachgenommen, so kann der Destinatar gegen ihn Regress nehmen, wenn er dem Nachmann, weil dieser durch gutgläubige Zahlung ein Pfandrecht erworben hatte, dieselbe hat ersetzen müssen.

Gerade wie bei der Werthnachnahme kann es auch hier vorkommen, dass sie Spesennachnahme dem Vormann gleich bei der Uebernahme des Guts zur Weiterbeförderung vom Nachmann ausgezahlt wird, oder dass der Nachmann den Betrag der Forderung nicht sofort auszahlt, sondern ihn vorerst nur zu zahlen verspricht unter Vermerk auf dem Frachtbrief, in welchem Fall der letzte Frachtführer oder Spediteur denselben dann mit seiner eigenen Transportforderung einzieht und dann dem Vormann zukommen lässt. Darnach haben wir also auch hier zu unterscheiden eine Spesennachnahme im Voraus und eine Spesennachnahme nach Eingang.

## Cap. II.

### Die Spesennachnahme im Voraus.

Die Spesennachnahme im Voraus besteht darin, dass jeder bei dem Transport des Guts betheiligte Spediteur, Zwischenspediteur oder Frachtführer vom Nachmann, der von ihm das Gut zur Weiterbeförderung übernimmt, für seine Ansprüche aus der bisherigen Beförderung durch sofortige Zahlung befriedigt wird. Während also bei der Werthnachnahme Vorschüsse entnommen werden, welche in der Regel den Kaufpreis oder den noch rückständigen Rest desselben involviren, werden hier Transportforderungen befriedigt und während erstere in der Regel nur vom Versender oder Absender d. h. vom ersten Frachtbriefaussteller auf das Gut gelegt wird, kann durch letztere jeder bei dem Transport Betheiligte sich für seine Ansprüche aus demselben bezahlt machen.

Hinsichtlich dieser Spesennachnahme im Voraus hat das HGB im Art. 382 Abs. 4 und Art. 410 Abs. 2 und 3 folgende Bestimmungen getroffen:

Art. 382 Abs. 4: „Soweit der Vormann wegen seiner Forderungen durch Uebernahme von dem Nachmann befriedigt ist, geht die Forderung und das Pfandrecht des Vormanns von Rechtswegen auf den Nachmann über. Dasselbe gilt in Bezug auf die Forderung und das Pfandrecht des Frachtführers, wenn und insoweit der letztere von dem Zwischenspediteur befriedigt ist“.

Art. 410 Abs. 2: „Der vorhergehende Frachtführer. welcher von dem nachfolgenden befriedigt ist, überträgt auf diesen von Rechtswegen seine Forderung und sein Pfandrecht“.

Art. 410 Abs. 3: „In gleicher Weise wird die Forderung und das Pfandrecht des Spediteurs auf den nachfolgenden Spediteur und den Frachtführer übertragen.“

Klarer und ausführlicher könnten die Bestimmungen des HGB in Bezug auf diese Materie nicht sein. Im Art. 382 Abs. 4 wird zuerst das allgemeine Princip ausgesprochen und sodann im zweiten Satze sowie im Art. 410 Abs. 2 und 3 die einzelnen möglichen Fälle näher angeführt.

Bei der Betrachtung der Entstehungsgeschichte dieser Bestimmungen machen wir die Wahrnehmung, dass diese Präcision anfangs nicht im Gesetzentwurf lag, dass vielmehr die Nürnberger Commission erst nach langwierigen Debatten zu diesem Resultate gelangte. In dem schon angeführten Art. 302 des preuss. Entwurfs finden wir bezüglich der Spesennachnahme im Voraus beim Speditionsgeschäft nur die Bestimmung, dass der Spediteuur wegen der „verlegten Fracht“, d. h. also wegen der Fracht, die er einem vorangehenden Frachtführer bezahlt hat, ein Pfandrecht an dem

Gut haben soll. Unter den Bestimmungen bezüglich des Frachtgeschäfts enthielt der preuss. Entwurf für die Spesennachnahme im Allgemeinen im Art. 317 folgende Bestimmungen:

„Geht das Gut durch die Hände mehrerer Frachtführer, so hat der letzte bei der Ablieferung auch die Forderungen der vorangehenden einzuziehen und der vorhergehende überträgt sein Pfandrecht von Rechtswegen auf den nachfolgenden. Dasselbe gilt von der Forderung und dem Pfandrecht des Spediteurs." In dieser Fassung wird kein Unterschied gemacht, ob der Nachmann den Vormann bereits befriedigt hat oder nicht, d. h. es werden hier die Spesennachnahme im Voraus und die Spesennachnahme nach Eingang nicht auseinander gehalten.

Für diesen Art. 317 schlug nun ein Abgeordneter bei der ersten Lesung[1] eine noch allgemeinere Fassung vor: „Wenn der Frachtführer dem nachfolgenden Frachtführer seine Forderung zum Einziehen als Nachnahme auf dem Frachtbrief überweist, so geht das Pfandrecht von Rechtswegen auf den letzteren über", wobei er hinzufügte, dass der Uebergang der Forderung geschähe, wenn der zweite Frachtführer, dieselbe einzuheben, angewiesen sei, gleichviel ob (scil. im Fall der Befriedigung des Vormanns) eine wirkliche Cession vorliege oder ob der zweite Frachtführer, ohne dem Vormann die Fracht bezahlt zu haben, bloss als Mandatar desselben dessen Guthaben einheben solle." Diese Fassung wurde jedoch als nicht deutlich genug bemäkelt und schliesslich folgende Fassung in erster Lesung angenommen:[2]

„Art. 345: Geht das Gut durch die Hände mehrerer Frachtführer, so hat der letzte bei der Ablieferung auch die aus dem Frachtbriefe sich ergebenden Forderungen der vorhergehenden einzuziehen. — Der vorhergehende Frachtführer überträgt in diesem Falle sein Pfandrecht von Rechtswegen auf den folgenden. In gleicher Art wird die Forderung und

---

[1] Vgl. Protocolle S. 834.

[2] Protocolle S. 841 ff.

das Pfandrecht des Spediteurs auf den nachfolgenden Spediteur und den Frachtführer übertragen", welche Fassung lediglich die Spesennachnahme nach Eingang im Auge hat.

In der zweiten Lesung wurde, nachdem verschiedene Fassungen für den Art. 302 des preuss. Entwurfs, nunmehr Art. 326 des Entwurfs erster Lesung, besprochen worden waren, schliesslich die Fassung adoptirt:

„der Spediteur hat wegen der dem Versender gegebenen Vorschüsse und wegen der den Vormännern gezahlten Nachnahme ein Pfandrecht etc." Bei der Berathung des oben citirten Art. 345 des Entwurfs erster Lesung aber wurde von einem Abgeordneten die Fassung der beiden Art. 326 und 345 mit einander verglichen und als widersprechende Bestimmungen enthaltend und zu Missverständnissen führend beanstandet:[1]

„1) der Art. 326 gebe dem Spediteur ein Pfandrecht wegen der an die Vormänner gezahlten Nachnahme, während Art. 345 bestimme, dass die Forderung und das Pfandrecht des vorhergehenden Spediteurs auf den nachfolgenden von Rechtswegen übertragen werde. Man ersehe nicht, wie das im Art. 326 erwähnte Pfandrecht wegen der Nachnahmen und dessen Verhältniss zu dem übertragenen (des Art. 335) gedacht sei. 2) Wenn eine Waare durch die Hände mehrerer Zwischenspediteure gehe, so würden die Spesen wie bekannt regelmässig nachgenommen. Insoweit der Nachmann den Vormann gedeckt habe, sei es ganz in der Ordnung, dass von Rechtswegen eine Cession und Pfandübertragung eintrete. Indessen stehe doch nichts im Wege, dass der Zwischenspediteur die Spesen der Vormänner nicht übernehme, sondern lediglich die Einziehung besorgen solle. In diesem Falle könne eine Forderung sammt Pfandrecht nicht übergehen, vielmehr habe der Nachmann als Mandatar nur die Rechte und Interessen seines Mandanten wahrzunehmen, die Spesen für Rechnung des letzteren einziehen zu lassen und an ihn abzuliefern. Dasselbe gelte auch dann, wenn

---

[1] Protokolle S. 1436.

man in der Reihe der Vor- und Nachmänner auf die Frachtführer Rücksicht nehme."

Aus diesen Bemerkungen wie aus den denselben sich anschliessenden Anträgen des Abgeordneten geht hervor, dass dieser die Spesennachnahme im Voraus und die Spesennachnahme nach Eingang unterschieden wissen wollte, obwohl auch er in dieser Hinsicht sich nicht bestimmt ausdrückt. Seine begründeten Einwendungen gegen die bisherige Fassung der beiden Artikel wurden auch von der Commission gewürdigt, seine Anträge mit unwesentlichen Modificationen angenommen und dieselben gingen auch, nachdem sie in dritter Lesung unverändert geblieben, als Abs. 4 zu Art. 382 und Abs. 2 und 3 zu Art. 410 in das HGB über.

Nach diesen Bestimmungen werden also die Forderung aus der dem Vormann geleisteten Zahlung der Spesen und Auslagen, mag dies nun durch einen Spediteur, Zwischenspediteur oder Frachtführer geschehen sein, einander gleichgestellt: es heisst von ihnen, dass sie „von Rechtswegen" vom bezahlten Vormann auf den Nachmann übergehen. Es fragt sich nun, was für ein Vorgang bei dieser Uebertragung der Forderung vom Vormann auf den Nachmann stattfindet, oder in andern Worten, wie dieser Uebergang juristisch zu construiren ist?

In der Nürnberger Commission wurde bei der Berathung der fraglichen Artikel allgemein die Ansicht ausgesprochen, ohne dass Jemand Einwendungen dagegen erhoben hätte, dass die Uebertragung der Forderung des befriedigten Vormanns auf den Nachmann durch „Cession" geschehe.[1] Es sei jedoch hier keine förmliche Cessionshandlung erforderlich, um dem Nachmann das Recht zur Einhebung der Guthaben früherer Frachtführer zugestehen zu können, sondern es gehe hier stillschweigend eine Cessio ex lege, d. h.

---

[1] Vgl. Protocolle S. 835: „Es sei die Absicht des Artikels (317), auszusprechen, dass unter allen Umständen die dem ersten Frachtführer gebührende Fracht dem letzteren (d. h. dem Nachmann) als cedirt gelte". Vgl. ferner auch S. 841 und die oben citirte Stelle auf S. 1436 in fine.

eine stillschweigende Uebertragung der Forderung und des Pfandrechts von Rechtswegen kraft Gesetzes vor sich zugleich mit der Uebergabe des Guts an den Nachmann.

Es liegt nun auch in Wirklichkeit sehr nahe, hier eine Cession anzunehmen, welche, da sie sich „von Rechtswegen" vollzieht, als eine Cessio ex lege oder cessio legis zu bezeichnen wäre, und dies ist in der früheren Litteratur auch allgemein der Fall gewesen. So sagt z. B. Koch in einer Abhandlung über das Frachtgeschäft:[1] „Es ist durchgreifender Satz, dass Forderung und Pfandrecht des Vormanns durch Befriedigung (vermöge einer wirklichen cessio legis) von Rechtswegen auf den Nachmann übergeht." Ebenso spricht sich Kuhn aus:[2] „Hat er (der Frachtführer) diese (die Vormänner) wegen ihrer Frachtlohnansprüche, wegen ihrer Spesen und Auslagen befriedigt, so ist eine Uebertragung der Forderung jener früheren Frachtführer durch Cession zu behaupten."

Diese Ansicht wurde zuerst von Laband[3] als unrichtig bekämpft und seinen Ausführungen sind die meisten neueren Schriftsteller, insbesondere v. Hahn[4], Anschütz und Völderndorff[5] und Eger[6] beigetreten und mit Recht, denn gegen eine derartige Construction dieser Uebertragung sprechen folgende Gründe:

Bei der Cession geht die Forderung so auf den Erwerber, den Cessionar, über, wie sie dem bisherigen Gläubiger zustand. Dies besagt schon die bekannte Regel: „Niemand kann auf einen Andern mehr Rechte übertragen, als er selbst hat".[7] Stand nun dem Vormann überhaupt keine

---

[1] Koch in Buschs Archiv Bd. II S. 473.
[2] Kuhn in Busch's Archiv Bd. VI S. 402.
[3] Laband a. a. O. S. 467 ff.
[4] v. Hahn Art. 410 § 3—6, vgl. jedoch Art. 412 § 2.
[5] Anschütz Art. 382 S. 412, 413 Note 35.
[6] Eger II S. 583--592.
[7] Vgl. auch l. 8 C de her. vel act. vend. 4, 39. Ex nominis emptione dominium rerum obligatarum ad emptorem non transit, sed vel in rem suam procuratore facto, vel utilis secundum ea, quae pridem constituta sunt, exemplo creditoris persecutio tribuitur.

Forderung zu, z. B. er hat die Auslage, welche er nachgenommen hat, nicht gemacht oder sie stand ihm nicht in dem Betrage zu, zu welchem er sie nachgenommen hat, so könnte, wenn die Uebertragung eine Cession wäre, dem Nachmann die Vergütung dieser Nachnahme verweigert werden, weil der Vormann kein Recht hatte, zu fordern oder wenigstens so viel zu fordern, d. h. in andern Worten der Nachmann müsste beweisen, dass der Vormann mit Recht diese Nachnahme sich auszahlen liess.

Dies ist nun nicht der Fall,[1] vielmehr muss dem Nachmann, welcher bei der Zahlung der Nachnahme mit der Sorgfalt eines ordentlichen Kaufmanns verfuhr[2] und in bona

---

[1] Vgl. ROHG Entsch. Bd. 24 S. 286: „Ein Zwischenspediteur (bez. Zwischenfrachtführer), welcher einem Vorspediteur (Vorfrachtführer) die von diesem aufgegebene Nachnahme — theils Fracht, theils Vorschuss für den Absender — gewährt hat, braucht dem Destinatar gegenüber nur zu beweisen, dass er die Nachnahme zu bestimmten, spezialisirten Beträgen an den Vormann bezahlt hat. Dagegen hat er die Richtigkeit und Rechtmässigkeit dieser Auslagen seines Vormanns nicht zu vertreten, da er zu deren materiell rechtlichen Prüfung in den meisten Fällen nicht im Stand sein würde." Vgl. auch hierzu die bereits oben angeführte Entscheidung des ROHG Bd. XX S. 190: „Der Nachmann, der eine Nachnahme bezahlt hat, hat wegen dieser Nachnahme ein wirksames Pfandrecht, mochte es der Vormann, weil die Nachnahme unbegründet resp. zu hoch gewesen, nicht gehabt haben.

[2] Zutreffend bemerkt in Bezug hierauf v. Hahn II S. 668: „Der nachfolgende Frachtführer braucht lediglich dafür einzutreten, dass die Auslagen, deren Erstattung er verlangt, von ihm in Ausführung des Frachtvertrags gemacht und er bei Gewährung der Nachnahme die Sorgfalt eines ordentlichen Frachtführers angewandt hat. — So hat er, soweit er nach dem in solchen Verhältnissen üblichen Geschäftsgang dazu im Stande ist, diese Momente sowie den Betrag der Verwendungen zu prüfen und sich Belege zu verschaffen, jedenfalls aber den Vermerk im Frachtbrief zu verlangen. Insbesondere hat er, was die Fracht, welche er dem Vormann ersetzt, betrifft, darauf zu sehen, ob dieselbe den Bestimmungen des Frachtbriefs entspricht, bez. die Höhe der üblichen oder reglementmässigen Fracht nicht übersteigt. Dasselbe gilt von den Speditionsgebühren und Liegegeldern. Soweit es sich um die vom Vormann ausgelegten Zollgelder oder andere Auslagen, über welche Quittungen ausgestellt zu werden pflegen, handelt, hat er die darüber ausgestellten Quittungen zu prüfen und sich aushändigen zu lassen. Soweit es sich um Vorschüsse, welche der Spedi-

fide, d. h. ohne dass er wusste oder wenigstens wissen konnte, dass der Vormann ohne Grund diese Nachnahme auf das Gut gelegt hatte, dasselbe dem Vormann zahlte, diese Nachnahme ersetzt werden. Wir haben also hier eine Ausnahme von der Regel „nemo plus juris transferre potest, quam ipse habet"; diese Ausnahme ist aber mit dem Begriff der Cession ganz und gar unverträglich.

Aus diesem soeben citirten Grundsatze der Cession ergibt sich auch noch die fernere Consequenz, dass die Forderung des Cessionars mit allen Einreden behaftet bleibt, mit welchen sie bei dem bisherigen Gläubiger behaftet war.[1] Dem Nachmann können sonach alle Einreden aus der Person des Vormanns, ja sogar auch solche, die mit dem Transport des betreffenden Guts nicht im geringsten Zusammenhang stehen, z. B. ganz besonders Compensationseinsprüche entgegen gehalten werden.

Ein dritter Grund endlich, welcher gegen die Annahme einer Cession im vorliegenden Falle spricht, ist der, dass bei der Cession eine Denunciation an den debitor cessus, welcher also hier der Empfänger wäre, erforderlich ist, bis zu welcher der Cedent immer als Gläubiger gilt. Der Empfänger wäre also vor erfolgter Denunciation durch Zahlung an den Cedenten d. h. den Vormann befreit. Dies ist jedoch nicht der Fall, vielmehr darf von vornherein der Destinatar nur demjenigen zahlen, der ihm mit dem Gut aufkommt und es bedarf nicht erst einer Denunciation an den Empfänger, um die Geltendmachung der übertragenen Forderung durch den früheren Frachtführer auszuschliessen.

---

teur dem Versender auf das Gut gegeben, handelt, ist nur Prüfung der ordnungsmässigen Verzeichnung derselben im Frachtbrief nöthig.

[1] Vgl. l. 17 D. de transaction. 2, 15: „Venditor hereditatis emptori mandatis actionibus cum debitore hereditario, qui ignorabat, venditam esse hereditatem transegit: si emptor hereditatis hoc debitum ab eo exigere velit, exeptio transacti negotii debitori propter ignorantiam suam accommodanda est." Vgl. ferner l. 72 (70) § 2 D. ad S. C. Trebellianum: „Si temporalis actio in hereditate relicta fuerit, tempus quo heres experiri ante restitutam hereditatem potuit, imputabitur ei, cui restituta fuerit.

Aus allen diesen Gründen geht es klar hervor, dass der fragliche Uebergang der Forderung vom Vormann auf den Nachmann keine Cession sein kann und dass der Nachmann nicht Cessionar des Vormanns ist. Die alte Forderung geht vielmehr unter und an ihre Stelle tritt eine neue, losgelöst von der causa der früheren. Es verändert sich nicht bloss die Person des Gläubigers, sondern in der Person des neuen Gläubigers tritt die Forderung, wenn auch ihrem Inhalt nach sich gleich bleibend, in einer neuen Erscheinungsform und aus anderer Substanz gebildet auf. Es geht hier eine „prioris debiti in aliam obligationem transfusio atque translatio" nach Analogie der Novation vor sich. Der Nachmann macht also eine neue, den Einreden gegen den Vormann nicht mehr ausgesetzte, auf Grund einer neuen causa selbständig entstandene Forderung geltend und diese causa, dieser Rechtsgrund ist der der nützlichen Verwendung.

Man hat sich diese nützliche Verwendung nun so zu denken, dass der Nachmann der Destinatar ist, dem der Vormann das mit der Nachnahme belegte Gut auszuliefern hat. Dies geschieht nun nicht anders als gegen Befriedigung des Vormanns [1] für seine eigene Fracht- und Spesenforderungen und für die durch Befriedigung der Vormänner erworbenen Nachnahmeforderungen; nur auf diese Weise wird das Gut von seiner Verstrickung befreit und erst dann kann der Empfänger, also in diesem Falle der Nachmann über das Gut verfügen, es also weiter transportiren, wodurch dasselbe werthvoller wird. Selbst also angenommen die Forderungen des Vormanns seien nicht oder nicht ganz in Folge nützlicher Verwendung entstanden, so macht doch jedenfalls der Nachmann, indem er durch Zahlung desselben den Weitertransport ermöglicht, eine nützliche Verwendung auf das Gut. Die alte Forderung des Vormanns ist in Folge ihrer Befriedigung

[1] Vgl. ROHG. Bd. XX S. 187: „Sie (die Belastung des Guts mit einer Nachnahme) bewirkt, dass der Destinatar das Gut nicht fordern kann, wenn er nicht die ganze Nachnahme zahlt. — In diesem Sinne und mit diesen Wirkungen kann sie eine nützliche Verwendung in Bezug auf den Transport genannt werden."

durch den Nachmann untergegangen, sie dauert nicht als debitum cessum in der Hand des Nachmanns fort, sondern in dessen Person ist eine neue Forderung, durch die von ihm geleistete nützliche Verwendung frisch entstanden.

Diese Theorie der nützlichen Verwendung ist jedoch in neuster Zeit von Schott[1] wieder bekämpft und derselben gegenüber die Richtigkeit der alten Cessionstheorie behauptet worden. Schott erkennt die Thatsache an, dass dem Spediteur oder Frachtführer, der die Waare abliefert und die Nachnahmeforderungen gegenüber dem Empfänger geltend macht, von diesem nicht Einreden aus der Person der Vormänner entgegen gehalten werden können, behauptet aber, dass aus diesem Grunde das Nichtvorhandensein einer Cession nicht gefolgert werden könne.

Diese Unzulässigkeit der Einreden sei nicht darauf zurückzuführen, dass die ursprünglichen Forderungen überhaupt nicht mehr existirten und dass statt derselben ganz andere Forderungen mit völlig verschiedenem Rechtsgrunde geltend gemacht würden, diese Unzulässigkeit der Einreden beruhe auf einem ganz andern Grunde. Den Grund findet er in folgenden Umständen:

> „Die (auf den Nachmann übergegangenen) Forderungen, — sagt er — sind gar keine Forderungen gegen den Empfänger, sondern gegen den Absender. Gegen den Empfänger hat der Abliefernde vor der Annahme des Guts und des Frachtbriefs keine Forderung sondern nur die Befugniss, Befriedigung zu verlangen, wenn der Empfänger die Auslieferung des Guts haben will. Der Empfänger kann desshalb zu dieser Zeit gar nicht in die Lage kommen, eine Einrede überhaupt, am allerwenigsten eine solche aus der Person eines Vormanns entgegen zu setzen. Durch die Annahme des Guts und Frachtbriefs, bzw. durch ein anderweitiges Zahlungsversprechen entsteht allerdings eine Verbindlichkeit des Empfängers auf Zahlung nach Massgabe des Frachtbriefs bzw. Zahlungsversprechens. Allein die dieser

[1] Schott a. a. O. S. 449 ff.

Verbindlichkeit correspondirende Forderung des Abliefernden ist etwas anderes als die auf ihn übergegangenen Forderungen seiner Vormänner, obschon sie bis zu einem gewissen Umfange, nämlich nach Massgabe des Frachtbriefs bzw. Zahlungsversprechens deren Zwecke in sich aufgenommen hat. Indem daher der Abliefernde jene gegen den Empfänger begründete selbständige Forderung geltend macht, macht er nicht auch die auf ihn übergegangenen gegen den Absender bestehenden Forderungen geltend. Und so kann auch in diesem Falle, wo es sich um die Realisirung einer Forderung handelt, mit welcher die Vormänner niemals etwas zu thun hatten, nicht von der Opponirung von Einreden die Sprache sein, welche aus den Personen der Vormänner entnommen sind."

Schott scheint also anzunehmen, dass der einzige Unterschied zwischen der Forderung, wie sie dem Vormann zustand und der von dem Abliefernden geltend gemachten Forderung in der Unzulässigkeit von Einreden gegen die letztere besteht. Dem ist nun nicht so, denn wir sehen aus Art. 382 und 410, dass der Nachmann für die auf ihn übergegangene Forderung ein Pfandrecht hat, welches möglicherweise dem Vormann z. B. wenn seine Forderung auf einer nicht nützlich oder nothwendig gemachten Auslage beruht, oder wenn er in mala fide dem Absender einen Vorschuss gemacht hatte, nicht zustand. Wir fragen uns, woher auf einmal dieses Pfandrecht herrührt, wenn der Nachmann auf Grund des Rechtstitels einer Cession in den Besitz dieser Forderung gekommen ist? Dem gegenüber muss Schott zugeben, dass allerdings in der Zahlung solcher Nachnahmen auch eine nützliche Verwendung liege, trotzdem sei der Uebergang als durch eine Cession geschehen anzusehen, mithin alle Forderungen der Vormänner in der Hand des Abliefernden, aber jede getrennt für sich existirend und bis dahin mit allen gegen den ursprünglichen Gläubiger zustehenden Einreden behaftet vereinigt.

Gehen wir einen Augenblick auf diese Ausführungen ein und nehmen wir diese Theorie als richtig an, dann müssen wir uns aber nach einem Rechtsgrunde umsehen, der im Moment, wo diese Forderungen geltend gemacht werden, auf einmal hervortritt und dem Schuldner alle seine Einreden abschneidet. Diesen Rechtsgrund findet Schott, nach dem oben Angeführten, in der durch Annahme des Guts und des Frachtbriefs vom Empfänger stillschweigend gegebenen Erklärung den Abliefernden nach Massgabe des Frachtbriefs befriedigen zu wollen. Bis zu dieser Erklärung könne der Abliefernde nur die cedirten Forderungen und diese nur gegen den Absender geltend machen; durch das sei es nun stillschweigend oder ausdrücklich gegebene Zahlungsversprechen, trete aber auch der Empfänger in den Obligationsnexus hinein, er verspreche nämlich dem Abliefernden „nicht die auf ihn übergegangenen Forderungen der Vormänner“ sondern „die im Frachtbrief verzeichneten Forderungen nach Massgabe des Frachtbriefs“ zu bezahlen. Die Forderung des Ablieferers sei also eine abstracte, selbständige Obligation auf Grund des Zahlungsversprechens des Empfängers und darum könnten derselben auch nicht Einreden wegen mangelnder causa, d. h. wegen mangelnder Berechtigung der Vormänner entgegen gehalten werden.

Dies ist allerdings auch ein Grund für die Unzulässigkeit von Einreden gegen die vom Abliefernden geltend gemachten Forderungen, aber er tritt nur ein, wenn der Empfänger durch Annahme des Guts und des Frachtbriefs oder durch ein anderweitiges Zahlungsversprechen eine derartige abstracte Obligation eingegangen hat, in welchem Falle ihm allerdings nur die Einrede zusteht, dass die betreffende Forderung irrthümlich oder doloser Weise zu hoch im Frachtbriefe eingetragen sei.

Nehmen wir aber den Fall an, der Empfänger klagt gleichviel aus welchem Grunde nach Ankunft des Abliefernden am Ort der Ablieferung auf Herausgabe des Guts und bemängelt die Richtigkeit der im Frachtbrief verzeichneten Forderungen. In diesem Falle verspricht er also weder ausdrücklich noch stillschweigend, die Forderungen nach Massgabe des Frachtbriefs zu befriedigen und, wenn dieselben also bloss die cedirten Forderungen der Vormänner sind, so hätte der Ablieferer als Cessionar deren Richtigkeit dem

Destinatar zu vertreten, und wenn dieselben dem Vormann (Cedenten) nicht zustanden, derselbe also nicht berechtigt war, sie im Frachtbrief zu verzeichnen und nachzunehmen, so könnte der Destinatar die Auslieferung des Guts erwirken, ohne den Ablieferer für diese Forderung befriedigen zu müssen.

Nehmen wir ferner den Fall, der Destinatar verweigert die Annahme des Guts und des Frachtbriefs und der Abliefernde wendet sich an den Absender, um von diesem Befriedigung zu erhalten. Hier ist nun auch kein abstractes Zahlungsversprechen geleistet worden und der Abliefernde müsste sich also, wenn er die Forderung bloss auf Grund des Rechtstitels der Cession besässe, den Einwand gefallen lassen, dass die Nachnahme nicht mit Recht entnommen sei und würde, wenn ihn die Geltendmachung des Pfandrechts an dem Gut nicht deckt und der Vormann, dem er die betreffende Nachnahme gezahlt hat, insolvent ist, mit seiner Forderung ausfallen.

Nehmen wir endlich den Fall an, der Destinatar nimmt das Gut und den Frachtbrief an, aber die nachgenommene Forderung ist nicht im Frachtbrief verzeichnet. Der Empfänger leistet also in diesem Falle bezüglich dieser Forderung, da sie aus dem Frachtbrief nicht ersichtlich ist, kein Zahlungsversprechen. Trotzdem kann sie nun der Abliefernde zweifellos geltend machen, nur wird der Destinatar, wenn der Abliefernde dies bloss auf Grund des Rechtstitels der Cession thäte, diesem alle Einreden, die ihm gegen den Vormann zugestanden wären, entgegenhalten können, da er ja bei der Empfangnahme des Guts die Zahlung dieser Forderung nicht versprochen hat.

In diesen 3 Fällen, wo also kein abstraktes Zahlungsversprechen vorliegt, kommen wir mit der Annahme einer Cession nicht aus, wir müssen also nach einem andern Rechtsgrund suchen, der in jedem Falle zutrifft, und dies ist der der nützlichen Verwendung.

Schott behauptet ferner, dass diese Theorie von der nützlichen Verwendung dem praktischen Bedürfniss, d. h. dem Regressrechte der Vormänner widerspreche:

„Denn sei die Forderung des Vormanns in Folge ihrer Befriedigung seitens des Nachmannes untergegangen, so könne der erstere zwar gegen seinen Vormann auf Rückzahlung der ihm gezahlten Nachnahme mangels Voraussetzung klagen, er könne aber wegen seiner eigenen Forderung für Fracht- und Nebengebühren nicht gegen den Absender regrediren, da diese Forderung eben untergegangen und gar kein Grund für ihr Wiederaufleben ersichtlich sei. Es verbliebe also nur eine Bereicherungsklage gegen den Absender, die jedoch offensichtlich dem praktischen Bedürfnisse nicht genüge."

Es ist nicht ersichtlich, warum der Vormann wegen der Nachnahmeforderung eine Klage mangels Voraussetzung, dagegen wegen der Frachtforderung nur eine Bereicherungsklage gegen den Absender habe. Wenn eben der Abliefernde vom Empfänger nicht Befriedigung hat erlangen können und auch durch die Geltendmachung des Pfandrechts nicht befriedigt worden ist, so regredirt er, wegen des Ausfalls gegen den Vormann; dieser befriedigt dann den Abliefernden und erhält dafür von demselben den Anspruch cedirt, wie er jenem zustand, und so geht der Regress und die Cession hinauf bis auf den Absender. Dass etwa dieser Anspruch des Abliefernden gegen den Absender bloss ein Anspruch wegen ungerechtfertigter Bereicherung des letzteren sei, wird wohl Niemand behaupten wollen. Es ist vielmehr eine gewöhnliche Auslageforderung, nur dass der Berechtigte, statt gegen den Empfänger, dieselbe gegen den Absender als gegen den eigentlichen Auftraggeber geltend macht.

Also der Grund, dass das praktische Bedürfniss hier die Annahme einer Cession erheische, ist unstichhaltig, ebensowenig sind auch die aus dem Wortlaute der Art. 382 und 410 sowie aus der Stellung des Abs. 4 des Art. 410 zu Abs. 1 gezogenen Folgerungen im Stande, die Construction dieses Uebergangs der Forderung durch eine Cession zu rechtfertigen.

Gegen diese Construction spricht endlich auch noch der Grund, dass in der Regel der Cedent nur für die Existenz nicht aber für die Realisirbarkeit der Forderung, also nomen verum nicht aber auch nomen bonum esse haftet.[1]

Dem ist nun nicht so bei der Nachnahme, vielmehr kann der Nachmann, wenn er durch die Realisirung des Pfandrechts nicht für seine Forderung befriedigt ist und auch der Absender insolvent ist, stets gegen den unmittelbaren Vormann, d. h. also nach der Cessionstheorie den Cedenten regrediren und dieser muss ihm unter Anderm auch die früher entnommene Nachnahme, die der Nachmann sonst nirgends ersetzt bekommen hat, zurückzahlen, der Vormann haftet also mit andern Worten auch, nomen bonum esse.

Diese nützliche Verwendung, die durch die Zahlung einer Spesennachnahme an den Vormann auf das Gut gemacht wird, ist nun von Eger[2] schlechthin als versio in rem bezeichnet worden. Dies ist unrichtig: die Römer gaben eine actio de in rem verso nur dann, wenn der Gewalthaber durch ein von einem Dritten mit einem Gewaltuntergebenen, sei es Sklaven oder Hauskind, abgeschlossenes Geschäft bereichert worden war. Diese Klage war eine actio adjecticiae qualitatis dieses Dritten gegen den Gewalthaber, an welche sich später die actio de in rem verso utilis anschloss, für den Fall, dass Jemand aus einem Contract mit einem Gewaltunabhängigen, der im Interesse eines Dritten contrahirt hatte, gegen diesen Dritten, soweit er aus dem Geschäft bereichert war, vorgehen wollte. Diese actio de in rem verso selbst als actio utilis geht also nur auf die Bereicherung. Kann aber der Nachmann nur soweit Ersatz seiner Auslagen fordern als der Empfänger durch dieselben bereichert ist? Sicherlich nicht. Unter ein römisches Rechtsinstitut lässt sich diese Art der nützlichen Verwendung überhaupt nicht subsumiren.[3]

---

[1] Vgl. l. 4 D. de her. vel. act. vend. 18, 4: „Si nomen sit distractum Celsus scribit, locupletem esse debitorem non debere praestare, nisi aliud convenit.“ Vgl. auch Code civil Art. 1693 und 1694: „Celui qui vend une créance ou autre droit incorporel doit en garantie l'éxistence au temps du transport, quoiqu'il soit fait sans garantie. Il ne répond pas de la solvabilité du débiteur, que lorsqu'il s'y est engagé.

[2] Eger II S. 583.

[3] Vgl. Dernburg, Preussiches Privatrecht II, S. 671.

Im Vorhergehenden (S. 49) ist bereits die Frage berührt worden, ob die nachgenommenen Forderungen, um auf den Nachmann überzugehen, im Frachtbrief verzeichnet sein müssen und wir haben dieselbe verneint. Allerdings könnte man zu der entgegengesetzten Annahme verleitet werden durch Abs. 1 des Art. 410 HGB, welcher lautet: „Geht das Gut durch die Hände mehrerer Frachtführer, so hat der letzte bei der Ablieferung, sofern nicht der Frachtbrief das Gegentheil bestimmt, auch die aus dem Frachtbrief sich ergebenden Forderungen der vorhergehenden einzuziehen, u. s. w.“ Allein dieser Absatz bezieht sich gar nicht auf die Spesennachnahme im Voraus, sondern auf den Fall, wo die Spesennachnahme nach Eingang berichtigt wird.

Dann scheint auch für diese Annahme der Art. 405 HGB zu sprechen, insofern als er bestimmt, dass der Empfänger die Erfüllung des Frachtvertrags gegen Erfüllung der Pflichten „wie sie der Frachtbrief ergibt“ verlangen darf, und ebenso der Art. 406, insofern er bestimmt, das der Empfänger durch Annahme des Guts und des Frachtbriefs verpflichtet wird, „nach Massgabe des Frachtbriefs“ Zahlung zu leisten.

Diese Beschränkung der Geltendmachung der Forderungen aus dem Frachtvertrag durch den Abliefernden wird aber illusorisch gemacht durch Art. 409, welcher bestimmt, dass sich das Pfandrecht des Frachtführers nicht nur auf die im Frachtbrief vermerkten Forderungen beziehe, sondern überhaupt auf alle durch den „Frachtvertrag“ begründeten Forderungen, gleichviel ob sie aus dem Frachtbrief sich ergeben oder nicht. Und es versteht sich doch von selbst, dass, wenn der Gesetzgeber für eine Forderung ein Pfandrecht gibt, auch wenn sie nicht im Frachtbrief vermerkt ist, er die Geltendmachung des persönlichen Rechts, welches durch dieses Pfandrecht gesichert wird, nicht davon abhängig machen will, dass es auf dem Frachtbrief vermerkt ist.[1]

Der Nachmann kann also für gezahlte Spesennachnahmen Ersatz verlangen, nicht bloss, wenn seine Forderung

---

[1] Vgl. Eger II, S. 321, 544 und 545, 578; Vgl. auch hierzu eine Entscheidung des Preuss. Ober-Tribunals, Bd. 71, S. 44.

auf dem Frachtbrief vermerkt ist, sondern auch dann, wenn dies nicht der Fall ist, ja sogar auch dann, wenn gar kein Frachtbrief vorhanden ist. Das einzige Erforderniss nach Art. 409 ist das, dass die Forderung in Ausführung des Frachtvertrags gemacht und die Sorgfalt eines ordentlichen Kaufmanns dabei aufgewendet sei, was der Frachtführer im Bestreitungsfalle zu beweisen hat. Für die Führung dieses Beweises ist es nun von Belang, dass die Forderung im Frachtbrief verzeichnet sei, denn, wenn dies der Fall ist, so genügt die Vorweisung des Frachtbriefs, um zu beweisen, dass die betreffenden Forderungen durch den Frachtvertrag begründet sind, während, wenn die Forderung nicht im Frachtbrief vermerkt ist oder überhaupt kein Frachtbrief ausgestellt ist, dieser Beweis weit schwieriger zu führen sein wird.

Die Spesennachnahme im Voraus kommt im Eisenbahnverkehr selten vor, bezüglich derselben enthält auch das Eisenbahnbetriebsreglement und ebenso das Uebereinkommen keine besonderen Vorschriften. Es ist anzunehmen, dass, wenn einmal Spesen im Voraus von der übernehmenden Bahn bezahlt werden, dies nach Massgabe der für die Werthnachnahme im Voraus geltenden Regeln (Vgl. oben S. 23—25) geschieht. Die im Betriebsreglement und im Uebereinkommen aufgestellten Bestimmungen über die Spesennachnahme beziehen sich lediglich auf die Nachnahme von Spesen „nach Eingang", von welcher nunmehr im Folgenden die Rede sein soll.

## Cap. III.

### Die Spesennachnahme nach Eingang.

Die Spesennachnahme nach Eingang liegt dann vor, wenn der Nachmann (Frachtführer, Zwischenspediteur), welcher das Gut zur Weiterbeförderung übernimmt, den Vormann nicht sofort bei der Uebernahme für seine Ansprüche aus der Versendung oder dem Transport befriedigt, sondern diese Ansprüche nur zur Einziehung übernimmt und erst nach erfolgter Ausgleichung seitens des Destinatars dem Nachnehmenden auszahlt. Der Begriff der Spesen und der Unterschied zwischen Spesen- und Werthnachnahme ist schon in den beiden vorhergehenden Capiteln erörtert worden, wir kommen hier nicht mehr darauf zurück.

Das HGB normirt die Spesennachnahme nach Eingang im Art. 382 Abs. 3 und Art. 410 Abs. 1 und 3 in folgender Weise:

„Art. 382 Abs. 3: Bedient sich der Spediteur eines Zwischenspediteurs, so hat der letztere zugleich die seinem Vormann zustehenden Rechte, insbesondere dessen Pfandrecht auszuüben.

Art. 410 Abs. 1: Geht das Gut durch die Hände mehrerer Frachtführer, so hat der letzte bei der Ablieferung, sofern nicht der Frachtbrief das Gegentheil bestimmt, auch die aus dem Frachtbrief sich ergebenden Forderungen der vorhergehenden einzuziehen und deren Rechte insbesondere auch das Pfandrecht auszuüben.

Art. 410 Ab. 3. In gleicher Art wird die Forderung und das Pfandrecht des Spediteurs auf den nachfolgenden Spediteur und Frachtführer übertragen.

Wir haben hier vier Fälle zu unterscheiden, welche entweder ausdrücklich oder stillschweigend durch diese Bestimmungen geregelt sind.

Erster Fall: Auf den Spediteur folgt ein anderer Spediteur (Zwischenspediteur) Art. 382 Abs. 3.

Zweiter Fall: Auf den Spediteur folgt ein Frachtführer Art. 410 Abs. 3.

Dritter Fall: Auf den Frachtführer folgt ein Spediteur.

Vierter Fall: Auf den Frachtführer folgt ein anderer Frachtführer Art. 410 Abs. 1.

Zwar scheint Art. 410 Abs. 3 seinem Wortlaute nach nur sich auf Abs. 2 zu beziehen, d. h. das Verhältniss zwischen dem Spediteur und dem Frachtführer nur im Fall der Spesennachnahme im Voraus zu regeln, es ist jedoch zweifellos, dass er sich auch auf Art. 410 Abs. 1 bezieht und dass Spediteur, Zwischenspediteur und Frachtführer nicht nur im

Fall der Befriedigung ihres Vormannes im Voraus gleich behandelt werden, sondern dass dies auch der Fall sein muss, wenn sie den Vormann erst nach Eingang befriedigen wollen.

Durch diese Bestimmungen des Art. 382 und 410 wird dem letzten Frachtführer oder Spediteur eine gewisse Befugniss aber auch eine Verpflichtung aufgelegt, es heisst in denselben: „der Zwischenspediteur (resp. letzte Frachtführer) hat ..... auszüben (resp. einzuziehen)". Es fragt sich nun auf Grund welches rechtlichen Vorgangs der Ablieferer des Guts diese Befugniss und Verpflichtung hat?

Wird der Transport nur von einer Person, sei es von einem Spediteur (auf Grund des Art. 385 H.G.B.) oder von einem Frachtführer ausgeführt, so zieht derselbe bei der Ablieferung des Guts seine Forderungen selbst ein. Wenn aber der Transport successive von mehreren Personen (Zwischenspediteuren oder Frachtführern) betrieben wird, so ist eigentlich nur der Ablieferer im Stande und berechtigt, seine Forderungen einzuziehen, zu der Einziehung der Forderungen der Vormänner wird er erst berechtigt und verpflichtet, wenn er von demselben dazu beauftragt ist. Nun wird ihm dieser Auftrag nicht jedesmal von jeder einzelnen bei dem Transport thätig gewesenen Person ausdrücklich gegeben, sondern er ist ihm ein für alle Mal durch das Gesetz ertheilt. Es liegt also hier ein gesetzliches Eincassirungsmandat vor, welches der Nachmann jedesmal vom Vormann stillschweigend mit Uebernahme des Guts zum Weitertransport übernimmt.

Ein solcher Auftrag wird bei jeder Uebergabe eines Guts zur Weiterbeförderung als vom übergebenden Vormann ertheilt, præsumirt; soll er nicht ertheilt sein, so muss „der Frachtbrief dies ausdrücklich bestimmen". Will also ein Vormann seine Fracht oder sonstige Spesen direct, selbst vom Empfänger einziehen und nicht durch den Abliefernden eingezogen wissen, wozu er ja immer berechtigt ist, so muss er dies ausdrücklich auf dem Frachtbrief erklären, widrigenfalls der Ablieferer dem Empfänger gegenüber berechtigt ist, auch seine Forderung einzuziehen.

Das gesetzliche Eincassirungsmandat bezieht sich nach Art. 410 Abs. 2 nur auf die „aus dem Frachtbrief sich ergebenden“ Forderungen. Nun gibt der Art. 409 für alle durch den Frachtvertrag begründeten Forderungen ein Pfandrecht, also auch für solche, die nicht auf dem Frachtbrief vermerkt wird. Der Frachtführer kann auch für diese Forderungen Befriedigung verlangen und mithin also auch seinen Nachmann beauftragen, diese Forderungen einzuziehen, event. sein Pfandrecht wegen derselben geltend zu machen bei der Ablieferung, der Auftrag bezüglich solcher nicht im Frachtbrief vermerkter Forderungen muss jedoch ausdrücklich gegeben sein, denn das gesetzliche Mandat bezieht sich nicht auf diese Forderungen.

Im Uebrigen gelten die bezüglich dieses Eincassirungsauftrags, sowie des jedesmal vom Nachnehmenden dem Empfänger ertheilten Zahlungsauftrags die oben S. 27 und 28 entwickelten Grundsätze.

Bezüglich der Spesennachnahme nach Eingang enthält nun das Eisenbahnreglement im § 54 Abs. 1 folgende Bestimmung: „Die auf Gütern bei ihrer Aufgabe an die Bahn lastenden Spesen, deren Specificirung verlangt werden darf, können nachgenommen werden“. Unter Spesen versteht das E.B.R. diejenigen Forderungen, die wir oben als Spesen im engern Sinn (vgl. S. 35 und 36) bezeichnet haben, also hauptsächlich die Provisionsforderung des Spediteurs und die Frachtforderung. Die Nachnahme der Forderungen des Spediteurs ist nun, da dies stets „bei der Aufgabe“ des Guts geschieht, immer zulässig; bei der Frage aber, ob die Eisenbahnen ihre Forderungen als Nachnahme auf das Gut legen können, ist zu unterscheiden, ob der Verkehr ein gebrochener ist, d. h. ob der mehrere Bahnen brührende Transport unterwegs einer Umkartirung unterliegt oder nicht:

Unter Kartirung versteht man die Verrechnung der Fracht für eine gewisse Strecke. Berührt nun der Transport nur solche Bahnen, unter welchen vereinbart worden ist, dass für Güter, die auf ihnen transportirt werden, die Fracht direct von der Aufgabestation bis zur Empfangsstation berechnet wird, so liegt directer Verkehr vor. Dagegen geschieht der Transport im gebrochenen Verkehre, wenn solche Vereinbarungen über den directen Verkehr nicht vorliegen: in diesem Fall wird die Fracht einfach von der Aufgabestation bis zu derjenigen Station verrechnet, auf welcher das Gut die Bahn, in deren Verwaltung die Aufgabestation ist, verlässt.

Alsdann wird die Fracht für die Strecke, auf welcher es die übernehmende Bahn weiter transportirt, aufs Neue verrechnet, d. h. es tritt Umkartirung ein. [1] Die Uebergabe des Guts an die folgende Bahn wird in diesem Fall als „neue Aufgabe" angesehen und desshalb kann also auch die Fracht der übergebenden Bahn (Vorfracht) nachgenommen werden, was beim Transport im directen Verkehr nicht möglich ist.

Hinsichtlich der Nachnahme von Auslagen (über diesen Begriff siehe oben S. 36) besteht ein solcher Unterschied nicht. Diese können auf Grund des Abs. 3 des § 54 E.B.R. allgemein nachgenommen werden, mag nun der Transport im gebrochenen Verkehr geschehen oder nicht.

Für diese Spesennachnahme nach Eingang im Eisenbahnverkehr ist nun kein Maximum wie für die Werthnachnahme gesetzt, dieselbe kann also zu beliebiger Höhe entnommen werden. Beträgt sie jedoch 150 Mark oder darüber oder werden die Spesen nachgenommen auf Güter, die dem Frankaturzwange unterliegen, oder auf Bahnhofrestantgüter, so gelten für sie die Bestimmungen des Art. 22 (24) des Uebereinkommens, d. h. sie werden von der Aufgabestation erst nach positiver Anzeige über ihre Ausgleichung seitens der Empfangsstation dem Nachnehmenden ausgezahlt. Dagegen werden Spesennachnahmen unter 150 Mark im Fall des Schweigens der Empfangsstation stets nach drei Wochen berichtigt, ohne dass eine Anzeige seitens der Empfangsstation nothwendig wäre (vgl. oben S. 32).

Bei der Auflegung von Spesennachnahmen auf ein Gut, kann die Eisenbahn verlangen, dass dieselben auf dem Frachtbriefe specificirt werden, einmal damit dem Empfänger

---

[1] Eger II, S. 345, 346.

die Möglichkeit gegeben werde, die Richtigkeit der Nachnahme zu prüfen, zum Andern, wie Eger [1] zutreffend ausführt, um zu verhüten, dass die Eisenbahn als Zahlungsvermittlerin beliebig grosser Summen aus ganz andern Geschäften benutzt werde, eine Aufgabe, die ihrem Zwecke als Transportanstalt ganz fern liegt und vielmehr den Geldinstituten bezw. der Post zugehört. Desshalb ist auch im Frachtbrief der Eisenbahnen eine besondere Rubrik für die Spesennachnahme vorgesehen, getrennt von der für die Verzeichnung der Werthnachnahme bestimmten Rubrik.

Ist der Betrag der Nachnahme vom Destinatar bei der Ablieferung des Guts ausgezahlt worden, so hat die abliefernde Bahn ohne Verzug den Nachnehmer davon zu avisiren und den eingegangenen Betrag demselben zukommen zu lassen, widrigenfalls er Verzugszinsen resp. sonstigen Schadensersatz schuldig wird. Diese Bestimmung enthält der Abs. 6 des § 54 E.B.R.

---

[1] Eger II, S. 368.

ZWEITER THEIL.

# DIE RECHTE UND PFLICHTEN

## DES SPEDITEURS UND FRACHTFÜHRERS

## AUS DER NACHNAHME.

---

### Cap. I.

### Das Recht auf Provision.

Nachdem wir bis jetzt ausschliesslich das Wesen und die Arten der Nachnahme betrachtet haben, wenden wir uns im Folgenden den Rechten und Pflichten zu, welche dem Frachtführer oder Spediteur aus dieser Nachnahme erwachsen. Dabei werden wir bemerken, dass bei der Nachnahme im Voraus der Spediteur oder Frachtführer mehr Rechte erwirbt, während bei der Nachnahme nach Eingang die Rechte sehr hinter den Pflichten zurücktreten, was sich aber sehr einfach dadurch erklärt, dass bei ersterer der Frachtführer oder Spediteur eine nützliche Verwendung durch Zahlung der Nachnachme auf das Gut macht, bei letzterer hingegen eine derartige nützliche Verwendung nicht vorliegt.

Unter den aus der Nachnahme entspringenden Rechten gibt es eins, welches beiden Arten der Nachnahme, sowohl der Nachnahme im Voraus als auch der Nachnahme nach

Eingang gemeinschaftlich ist, das ist das Recht auf Provision. Der Art. 290 H.G.B. bestimmt hinsichtlich dieser Provision im Allgemeinen:

> „Ein Kaufmann, welcher in Ausübung des Handelsgewerbes einem Kaufmann oder Nichtkaufmann Geschäfte besorgt oder Dienste leistet, kann dafür auch ohne vorherige Verabredung Provision ........ nach der an dem Orte gewöhnlichen Sätzen fordern.
>
> Abs. 2. Dies gilt insbesondere auch von dem Commissionair und dem Spediteur."

Das Handelsgesetzbuch geht von dem Principe aus, dass der Kaufmann für jede in seinem Gewerbebetrieb geleistete Arbeit eine Belohnung finden soll.[1] In dieser Absicht allein arbeitet der Kaufmann, dies weiss Jedermann oder muss es wenigstens wissen, und jeder, der sich von einem Kaufmann einen kaufmännischen Dienst leisten lässt, z. B. die Ausführung eines Auftrags, verspricht demselben auch stillschweigend eine Gegenleistung für diesen Dienst, d. h. in andern Worten der Kaufmann hat, auch wenn in dieser Beziehung nichts ausgemacht ist, also kraft Rechtsnothwendigkeit ein Recht auf Vergütung für die in seinem Gewerbebetriebe besorgten Geschäfte und geleisteten Dienste und diese Vergütung nennt man Provision.

Bei der Belegung eines Guts mit einer Nachnahme, sei es nun einer Werth- oder einer Spesennachnahme, einer Nachnahme nach Eingang oder im Voraus, wird, wie wir im Vorhergehenden gesehen haben, ein Eincassirungsmandat ertheilt, dessen Ausführung dem Spediteur oder Frachtführer bald in seinem eigenen Interesse bald im Interesse des Nachnehmenden obliegt. Für die Ausführung des Eincassirungsauftrags, selbst wenn dieselbe im eigenen Interesse erfolgt ist —, denn in diesem Falle liegt ausserdem noch eine Dienstleistung im Interesse des Nachnehmenden, den er ja befriedigt hat, vor — kann nun der Spediteur und zweifellos auch der Frachtführer, obwohl er in Art. 290 H.G.B. nicht ausdrücklich aufgeführt wird, Entgelt

---

[1] Vgl. v. Hahn II, zu Art. 290 H.G.B. § 1.

d. h. Provision verlangen und zwar steht ihm diese Provision auch ohne besondere Verabredung zu und wird regelmässig mit der Nachnahmesumme vom Destinatar entnommen.

Die Höhe der Provision bestimmt sich in Ermanglung besonderer Vereinbarung nach dem Ortsgebrauch. Ausführlichere Bestimmungen hinsichtlich dieser Provision trifft nun das Eisenbahnreglement im § 54 Abs. 3 und 4 und der Art. 22 (24) Ziffer 3 des Uebereinkommens zu § 54 E.B.R.

Nach § 54 Abs. 3 wird für jede aufgegebene Nachnahme, gleichviel ob dieselbe verabfolgt oder in Folge anderweitiger Disposition ganz oder theilweise zurückgezogen ist, die durch den Tarif der Aufgabestation bestimmte Provision berechnet. Es wird also regelmässig die Provision berechnet für Nachnahmen, welche der Absender, d. h. der Frachtbriefaussteller, aufgibt, seien es nun Baarvorschüsse oder auch Spesennachnahmen des aufgebenden Spediteurs. Für Spesennachnahme einer vorhergehenden Eisenbahn wird dagegen keine Provision berechnet.

Dies wird bezüglich der im Falle eines Weitertransports von einer Bahn auf die folgende nachgenommenen Fracht ausdrücklich im Abs. 3 des § 54 E.B.R. bestimmt; bezüglich der Nachnahme der Auslagen der vorhergehenden Bahn ergibt sich dies aus Abs. 4 des § 54 welcher lautet:

> „Für baare Auslagen, welche ebenfalls nachgenommen werden können, darf die im Tarife der die baaren Auslagen vorschiessenden Eisenbahn bestimmte Provision für Nachnahmen erhoben werden.“

Dieser Absatz bestimmt also bloss, dass die Eisenbahn, welche eine baare Auslage macht, dafür eine Provision nehmen kann, und zwar wird die Provision nach Massgabe des für Nachnahmen im Tarif vorgesehenen Provisionsatzes berechnet. Wird jedoch eine solche Auslage sammt der dafür berechneten Provision nachgenommen, so darf von der folgenden Bahn, welche, wie wir annehmen wollen, das Gut abliefert und die Auslagennachnahme vom Destinatar einzieht, hierfür eine Provision nicht berechnet werden.

Dies besagt auch der Art. 22 (26), Nr. 3, Satz 2 des Uebereinkommens:

„Für Nachnahme der auf der Uebergangsstation bezahlten Frachtgelder, sowie für alle Abrechnungen der Verwaltungen unter sich, ist keine Provision zu bezahlen.“

Diese Bestimmung gilt jedoch nur dann, wenn das Gut von der übernehmenden Bahn mit dem alten Frachtbrief weiter befördert wird. Wird dagegen das Gut von der übernehmenden Bahn mit einem neuen Frachtbrief weiter versandt, so handelt es sich bei der Entscheidung der Frage, ob eine Provision für nachgenommene Vorfracht berechnet werden darf, darum, ob der Weitertranspost mit einem neuen Frachtbrief auf Grund einer Anordnung des Versenders oder auf Grund einer Disposition des Destinatars geschieht.

Im ersten Fall bestimmt der Art. 22 (24), Nr. 3 des Uebereinkommens, dass die nachgenommene Fracht provisionsfrei sei, gerade so, als ob kein neuer Frachtbrief ausgestellt worden wäre. Geschieht dagegen der Weitertransport, auf Grund einer Disposition des Destinatars, so darf die übliche Provision für Nachnahme der Vorfracht berechnet werden.

Bei Erlass dieser Bestimmung wurde seitens der Eisenbahnverwaltungen in Erwägung gezogen, dass durch die Weiterdisposition des Versenders (im Gegensatz zu derjenigen des Destinatars) der alte Frachtvertrag nicht aufgehoben, sondern nur in einem Punkte, nämlich in Betreff des Bestimmungsortes der Sendung durch Vermittlung der Aufgabestation von dem ursprünglichen Contrahenten modificirt werde, wobei lediglich aus Zweckmässigkeitsgründen von dem Bewandtniss der Umstände abhängig gemacht worden sei, ob ein neuer Frachtvertrag verlangt werden solle oder nicht. Da sonach die Wahl der einen oder andern Form lediglich dem Belieben der Bahn überlassen sei, so erscheine es nicht gerechtfertigt die Erhebung oder Nichterhebung der Provision von dieser äussern Form abhängig zu machen.[1]

[1] Vgl. Eger II, S. 389.

In allen Fällen, wo die Erhebung einer Provision für eine Nachnahme zulässig ist, bestimmt nun ferner § 54 Abs. 3 des E.B.R., dass dieselbe auch dann berechnet werden darf, wenn die Nachnahme später in Folge anderweiter Anordnung des Nachnehmenden sei es ganz oder theilweise wieder zurückgezogen wird. Dies hat seinen Grund in dem Umstande, dass für die Eisenbahn dieselbe Müheverwaltung (Ausstellung des Nachnahmescheins, eventuell Nachnahmebegleitscheins, Eintragung in die Nachnahmebücher, Berechnung der Provision) entsteht, mag nun die Nachnahme ganz verabfolgt sein oder in Folge der Zurückziehung nur theilweise oder gar nicht. [1]

Hinsichtlich der Höhe der Provision endlich enthält das EBR keine Bestimmungen, dagegen trifft solche das Uebereinkommen im Art. 22 (24) Nr. 3, wo für Nachnahme im Voraus ein Maximum von 2 % für Nachnahmen nach Eingang ein Maximum von 1 % festgesetzt wird. Innerhalb dieser Maximalsätze kann dann jede Verwaltung die Höhe der Provision nach Belieben festsetzen.

## Cap. II.

### Die Klagen gegen den Destinatar aus der Nachnahme.

Neben diesem Anspruch auf Provision, der, wie wir gesehen haben, dem Spediteur und Frachtführer sowohl im Fall der Nachnahme im Voraus als auch im Fall der Nachnahme nach Eingang zusteht, haben wir im Fall der Nachnahme im Voraus noch einen weiteren und zwar bedeutenderen Anspruch ins Auge zu fassen, nämlich den Anspruch auf Ersatz der auf das Gut, sei es durch Zahlung von Vorschüssen an den Versender oder Absender, sei es durch Befriedigung der Vormänner für ihre Spesen- und Frachtforderungen gemachten Auslagen.

---

[1] Vgl. Ruckdeschel, Commentar zum Einsenbahubetriebsreglement S. 92 und 93.

Dieser Anspsuch steht bei der Nachnahme im Voraus stets dem Abliefernden zu, in dessen Hand sich alle Forderungen vereinigt haben, und es frägt sich nun, mit welcher Klage und gegen wen er denselben geltend machen kann? Bei der Beantwortung dieser Frage haben wir zu unterscheiden, ob die Ablieferung des Guts an den Destinatar durch einen Spediteur oder ob dieselbe durch einen Frachtführer geschieht.

Betrachten wir zunächst den Fall, wo die Ablieferung durch einen Spediteur geschieht. Der Speditionsvertrag ist nach der herrschenden und auch richtigen Ansicht, deren Begründung im Uebrigen ausserhalb des Rahmens der vorliegenden Arbeit liegt, ein Mandat: der Spediteur ist Mandatar des Versenders, sein Auftrag besteht darin im eigenen Namen aber auf Rechnung des Versenders, die bei der Versendung von Gütern erforderlichen Rechtsgeschäfte abzuschliessen. Als Mandat ist der Speditionsvertrag nach den Grundsätzen des bürgerlichen Rechts über dieses Rechtsgeschäft zu beurtheilen, soweit nicht das HGB in bewusster Weise von demselben abweichende Normen aufgestellt hat, und nach demselben hat der Spediteur für die von ihm gezahlten Nachnahmen wie ein gewöhnlicher Mandatar für gemachte Anlagen gegen den Auftraggeber die actio mandati contraria.

Es frägt sich nunmehr, wer bei dieser Klage passiv legitimirt ist, d. h. wer der Mandant (Committent) ist, welcher mit derselben belangt werden kann? Der Spediteur kann nämlich seinen Auftrag entweder von demjenigen erhalten, welcher ihm das Gut übergibt, dann ist dieser Mandant oder wie er technisch heisst, der Versender, oder der Spediteur kann seinen Auftrag empfangen von demjenigen, an welchen das Gut abgeliefert werden soll, vom Destinatar also, dann ist dieser sein Committent. Dieses letztere kann auf zweierlei Weise geschehen: entweder empfängt der Spediteur vom Destinatar den Auftrag direct, oder er empfängt ihn von demjenigen, der ihm das Gut zur Beförderung übergibt, im Namen des Destinatars.

Betrachten wir nun zuerst den ersten Fall, wo also der

Spediteur den Versendungsauftrag von demjenigen erhält, der ihm das Gut zur Beförderung übergibt. Aus diesem Mandat haftet der Versender dem Spediteur für die Zahlung seiner Provision und für Ersatz seiner gemachten Auslagen, also auch der Nachnahme unbedingt. Allein aus dem vom Versender zugleich mit dem Speditionsauftrage ertheilten Eincassirungsmandate, dessen Ausführung vom Spediteur bei der Uebernahme des Guts zur Beförderung übernommen wurde, hat sich der Spediteur zunächst an denjenigen zu wenden, dem er das Gut ausliefert und welchem der Versender zu gleicher Zeit wie dem Spediteur stillschweigend ein auf Befriedigung des letzteren gerichtetes Zahlungsmandat ertheilt hatte und bei diesem vorerst zu versuchen Zahlung zu erlangen. Wie wir schon oben ausgeführt haben, liegt hier ein Assignationsverhältniss vor: der Spediteur wird von dem Versender für seine Forderung gegen diesen auf den Empfänger zur Zahlung angewiesen, er ist also Assignatar, der Versender ist Assignant, der Empfänger Assignat. Nach der Ankunft des Guts am Bestimmungsorte, wendet sich dem empfangenen Auftrage gemäss der Spediteur an den Empfänger und bietet diesem das Gut zur Uebernahme an, wobei er gleichzeitig bei ihm anfragt, ob er das vom Versender an ihn gerichtete Zahlungsmandat acceptire. Nimmt der Empfänger das Gut an, ohne Einwendungen gegen das an ihn gerichtete Zahlungsmandat, d. h. also gegen die vom Spediteur geltend gemachten Forderungen zu erheben, so erklärt er damit stillschweigend, dass er dasselbe acceptire, d. h. dass er den Spediteur für seine Forderungen befriedigen will. In der Verweigerung der Annahme der Waare oder in der Bestreitung der vom Spediteur geltend gemachten Forderungen, liegt dagegen eine Verweigerung des Accepts der Zahlungsanweisung.

Hat nun der Destinatar acceptirt, so kann der Spediteur auf Grund des Acceptes auf Zahlung der Nachnahme gegen ihn klagen. Jedoch ist seine Forderung gegen den Vensender durch das Accept des Empfängers keineswegs untergegangen, vielmehr bleibt dieselbe nach wie vor rechtsgültig bestehen: der Destinatar haftet aus dem Accept bloss solidarisch neben dem Versender und ist nicht an die Stelle desselben getreten und der Spediteur kann sich ungeachtet des Accepts des Empfängers, wenn derselbe nicht zahlt, direct gegen den Versender wenden und dieser kann nicht verlangen, dass er seine Ansprüche zuerst gegen den Empfänger im Wege der Klage durchsetze. Das Recht des Spediteurs gegen den Auftraggeber hat nicht die Natur eines bloss subsidiären Rückgriffsrechts, vermöge dessen er sich diesem gegenüber nur in Betreff desjenigen erholen könne, was er vom Empfänger nicht eintreiben kann. Dem Eincassirungsmandat ist genügt, wenn der Empfänger nicht zahlt, der Spediteur ist aus diesem Auftrage nicht auch noch zur Klage gegen den Empfänger verpflichtet.[1]

Der Versender haftet jedoch dem Spediteur nur dann solidarisch neben dem Empfänger, wenn den Spediteur bei der Auslieferung des Guts an den Empfänger kein Verschulden trifft. Es gehört nun aber zur Sorgfalt eines ordentlichen Spediteurs, dass er bei der Auslieferung des Guts sofort von dem Empfänger seine Forderung einziehe, event. das ihm hierfür an dem Gut zustehende Retentions- resp. Pfandrecht geltend mache. Liefert er das Gut aus, ohne dies zu thun, creditirt er also sei es dolose oder doch wenigstens culposer Weise dem Empfänger, so thut er dies auf seine Gefahr und kann sich, wenn er bei diesem ganz oder theilweise mit seiner Forderung ausgefallen ist, nicht mehr an den Versender halten, vielmehr kann dieser gegen ihn — den Spediteur — mit der actio mandati directa auf Ersatz des Schadens klagen, welcher ihm — dem Versender — durch das Verschulden des Spediteurs entstanden ist.

Viel einfacher gestaltet sich diese Frage, wenn der Spediteur seinen Auftrag entweder direct vom Empfänger oder doch wenigstens in dessen Namen erhält: in diesem Fall steht

---

[1] Vgl. Preussisches Allgemeines Landrecht I, 16 § 283: Ist die Anweisung zwar angenommen, die Zahlung aber binnen der bestimmten Frist nicht geleistet worden, so hat der Angewiesene die Wahl, ob er sogleich auf den Anweisenden zurückgehen oder sich an den Assignaten aus der geschehenen Annahme halten wolle.

ihm gegen den Empfänger als wirklichen Versender die actio mandati contraria zu.

Das Frachtgeschäft ist, wie allseitig anerkannt wird und auch nicht bestritten werden kann, unter den Begriff der Werkmiethe, locatio conductio operis, zu subsumiren, da es auf die Erzielung eines gewissen Arbeitserfolges, nämlich auf den Transport des Guts gerichtet ist. Die Klage, durch welche demnach der Frachtführer (conductor operis) seine Ansprüche wegen der Fracht und der gemachten Auslagen geltend macht, ist die actio conducti, die gegen den Arbeitsempfänger gerichtet ist. Arbeitsempfänger ist nun entweder derjenige, welcher ihm das Gut zum Transport aufgiebt und den Frachtvertrag abschliesst, oder es kann auch der Destinatar Arbeitsempfänger sein, sei es dass dieser direct oder dass der Aufgeber des Guts im Namen des Destinatars mit dem Frachtführer contrahirt hatte.

Nur der erste Fall ergibt Schwierigkeiten, wenn der Absender im eignen Namen mit dem Frachtführer den Frachtvertrag abgeschlossen hat. In diesem Falle geht der Anspruch auf Ersatz der ausgelegten Nachnahme ursprünglich gegen den Absender, allein dieser weist, wie wir schon mehrfach ausgeführt haben, seinen Gläubiger zur Einziehung seiner Forderung an den Destinatar und dieses Eincassirungsmandat nimmt der Frachtführer mit der Uebernahme des Guts zum Transport an. Demgemäss wendet sich dieser auch nach Ankunft am Destinationsorte an den Empfänger und fragt letzteren, indem er ihm das Gut zur Uebergabe anbietet, ob er ihn auch für seine Forderungen, insbesondere für seine Nachnahmeforderungen befriedigen werde. Da bestimmt nun das HGB im Art. 406: „Durch Uebernahme des Guts und des Frachtbriefs wird der Empfänger verpflichtet, dem Frachtführer nach Massgabe des Frachtbrieft Zahlung zu leisten". Dies heisst in andern Worten: durch Annahme des Guts und des Frachtbriefs acceptirt der Empfänger bezüglich der im Frachtbrief verzeichneten Forderungen das vom Absender ihm stillschweigend ertheilte Mandat, dem Frachtführer Zahlung zu leisten.

Durch dieses Accept tritt auch der Empfänger in das Assignationsverhältniss hinein, welches durch dasselbe perfect wird. Sehr richtig bemerkt in dieser Hinsicht Grünhut:[1] „Der Assignant (Absender) erklärt durch die Uebergabe des Frachtbriefs an den Frachtführer und durch die Einschreibung der Waare für den Destinatar, der Assignatar (Frachtführer) durch die Ablieferung der Waare, der Assignat durch Annahme des Frachtbriefs und der Waare, seine Einwilligung in die Assignation". Diese Einwilligung des Empfängers als Assignat wird bezüglich der im Frachtbrief verzeichneten Forderungen vermöge einer gesetzlichen Praesumption als durch die Annahme des Guts und des Frachtbriefs gegeben vermuthet und der Frachtführer in Folge dieser Annahme, gerade als wäre das Accept expressis verbis gegeben, gegen ihn zur Klage legitimirt.

Man hat nun gegen diese Annahme, dass der Art. 406 H.G.B. eine gesetzliche Praesumption für die Einwilligung des Empfängers in die Assignation enthalte, eingewendet, dass diese Theorie allerdings zutreffe, wenn der Empfänger Kaufmann sei, dagegen sei diese Construction unzutreffend, wenn der Empfänger ein Nichtkaufmann sei, weil das H.G.B. in Art. 300 nur die von Kaufmann acceptirte Anweisung als rechtsverbindlich statuirt habe, dagegen eine von einem Nichtkaufmann acceptirte Anweisung wegen mangelnder Angabe der causa nach Civilrecht unverbindlich sei.[2]

Dieser Einwand ist jedoch nicht stichhaltig: Denn abgesehen davon, dass die Rechtsverbindlichkeit einer auch von einem Nichtkaufmann gegebenen Acceptation einer Anweisung wohl jetzt als in allen Deutschen Rechtsgebieten anerkannt angesehen werden kann,[3] wäre auch da wo das römische Recht in dieser Hinsicht noch unverändert gilt, das auf Grund eines nicht kaufmännischen dem Assignatar gegebenen Zahlungsversprechens des Assignaten nur dann ungültig, wenn das

---

[1] Grünhut, das Recht des Commissionshandels S. 559.

[2] Vgl. Schott a. a. O., S. 409.

[3] Vgl. von Hahn II S 125; Einf. Ges. z. H.G.B. von Bremen § 29, von Hamburg § 30, von Hannover § 26; Code civil Art. 1132; Dernburg, Preuss. Privatrecht II, S. 30 ff.

Versprechen ohne Angabe der causa (Schuldgrund) gegeben wurde. In unserem Fall wird es jedoch auf Grund des Frachtbriefs, in welchem die Fracht- und Nachnahmeforderungen verzeichnet sind, gegeben und zwar zur Tilgung dieser Forderungen. Hierin dürfte wohl eine ausreichende Bezeichnung des Schuldgrundes enthalten sein, denn der Empfänger, wenn er nach der Durchsicht des Frachtbriefs die Waare annimmt, sagt damit nicht einfach: „ich verspreche dir z. B. 100," sondern sagt: „ich verspreche dir für die für mich dem Versender gezahlte Werthnachnahme. oder für die für mich an die Vormänner entrichtete Spesennachnahme 100." Dass diese Bezugnahme auf die causa bei dieser Acceptation vorliegt, ergibt sich auch daraus, dass der Acceptant, also der Empfänger, wenn sich unter den zur Zahlung accepirten Forderungen eine später als nicht zu Recht gezahlt herausstellt, den nicht zu Recht gezahlten Betrag mit der condictio sine causa zurückfordern kann.

Auch im kaufmännischen Verkehr tritt allgemein diese Auffassung zu Tage. Dies ergibt sich z. B. aus der Fassung der Frachtbriefe der Eisenbahnen, welche links oben neben der Fracht- und Spesennote durch die Worte „zu erheben" andeuten, dass hier ein vom Absender dem Frachtführer ertheiltes Eincassirungsmandat vorliegt. Ferner besagt der § 53 des E.B.R. ausdrücklich: „Die Frachtgelder werden bei der Aufgabe des Guts berichtigt oder auf den Empfänger zur Zahlung „angewiesen". Auch andere Frachtbriefe als die der Eisenbahnen insbesondere die älteren enthalten diese Zahlungsanweisung an den Empfänger ausdrücklich.

Dieser Construktion gegenüber sind in neuerer Zeit verschiedene Theorien in Betreff dieses Obligationsverhältnisses zwischen dem Frachtführer und dem Empfänger aufgestellt worden, die sich jedoch sämmtlich nach genauerer Prüfung als unrichtig erweisen. So erklärt sich aus der von Eger [1] aufgestellten Theorie einer Cession seitens des Absenders an den Empfänger absolut nicht, wie durch eine Cession auch die Pflichten des Absenders dem Frachtführer gegenüber auf

---

[1] Eger II S. 81 ff., 302, 308 ff.

den Empfänger übergehen konnten und gerade diese kommen in unserem Fall in Betracht.

Eine andere Theorie, die von Wilhelm Koch,[1] erklärt diesen Eintritt des Empfängers in den Frachtvertrag dadurch, dass sie annimmt, der Frachtvertrag werde vom Versender zu Gunsten des Empfängers geschlossen und dieser trete bei. Es bleibt aber dann unerklärlich woher die Rechte des Absenders (Art. 402 H.G.B.) dem Frachtführer gegenüber herrühren und wie für den Empfänger dadurch Pflichten begründet werden können.

C. F. Koch in seinem Commentar[2] zum H.G.B. sieht die causa obligandi bei Eingehung der Verbindlichkeit des Empfängers in der Realleistung, welche der Frachtführer in Erwartung der Befriedigung für die im Frachtbrief verzeichneten Forderungen dem Empfänger mache, wodurch ein Realcontract (do ut dos) abgeschlossen werde, aus welchem sich ein selbständiges Klagerecht des Frachtführers ergibt. Jedoch ist auch diese Construction eine verfehlte, insofern als das heutige Recht diese Kategorie der Innominatrealcontracte gar nicht mehr kennt, denn nach heutigem Recht werden alle jene Verträge, die nach römischem Recht durch Hingabe einer Sache oder durch Vornahme einer Handlung (re) geschlossen wurden, schon durch den blossen Consens perfect und klagbar und es dürfte daher nicht mehr in Abhandlungen über moderne Rechtsinstitute vorkommen, wie es noch so oft geschieht, dass jedes neu entstehende Obligationsverhältniss, welches scheinbar nicht unter den Begriff einer vom römischen Recht gegebenen Vertragskategorie fällt, in die Gerümpelkammer der Innominatcontracte untergebracht wird, was gewöhnlich zu einer ganz widernatürlichen Auffassung derartiger Rechtsinstitute führt.

Dagegen bewährt sich die, man kann wohl sagen von der herrschenden Meinung aufgestellte Construction[3] in

---

[1] Wilhelm Koch, Deutschlands Eisenbahnen. Abtheil. II, S. 406 ff.

[2] Art. 406. Note 31.

[3] Vgl. Laband a. a. O. S. 470; Goldschmidt, Handbuch I,2 S. 752 Note 46; Kuhn in Buschs Archiv Bd. VI, S. 395 ff.; Saran im Central-Organ N. F. Bd. V. S. 554.

allen ihren Consequenzen als richtig, wie wir oben gesehen haben und erweisen sich die gegen dieselben erhobenen Einwände sämmtlich als unstichhaltig. Für diese Construction des Rechtsverhältnisses als Anweisung spricht auch schon der Umstand, dass die Nürnberger Commision [1] dieser Ansicht gehuldigt und auch die Praxis [2] sich ihr angeschlossen hat.

Dieses stillschweigende Accept wird jedoch nach Art. 406 nur bezüglich der im Frachtbrief verzeichneten Forderungen vom Empfänger dem Frachtführer ertheilt. Macht der Frachtführer ausserdem noch Forderungen aus dem Transport geltend, die nicht im Frachtbrief verzeichnet sind, so wird der Empfänger erst dann verpflichtet, wenn er bezüglich dieser Forderungen die Zahlungsanweisung des Absenders ausdrücklich acceptirt, durch die Annahme der Waare und des Frachtbriefs schlechtweg, wird er dagegen zur Befriedigung solcher Forderungen nicht schon verpflichtet.

Im Uebrigen gilt für den Frachtführer auch das schon bei der Klage des Spediteurs Gesagte. Er hat nach dem Accept des Destinatars zwei Klagrechte, eins gegen diesen aus der Acceptation und das andere subsidiär gegen den Absender, wenn der Empfänger nicht zahlt und der Werth des Guts ihn für seine Kosten nicht deckt oder endlich, wenn er ohne sein Verschulden das ihm zustehende Retentions- oder Pfandrecht nicht geltend machte, z. B. weil er in einem fremden Lande das Gut aus seinem Besitz verlor, indem er gezwungen wurde, dasselbe dem Destinatar auszuliefern. [3] In diesem Fall hat der Frachtführer mit der actio conducti den Regress gegen den Absender für seine Auslage- bezw. Nachnahmeforderungen und dieser kann nicht verlangen, dass er zuerst diese Forderungen gegen den Empfänger einklage; trifft ihn jedoch ein Verschulden, so wird er des Regresses gegen den Absender verlustig und kann sich allein noch an den Destinatar halten.

---

[1] Protokoll S. 819 u. 5101.

[2] Erkenntnis des Preuss. Ob.-Tribunals, Entscheidungen Bd. IV., S. 402.

[3] Vgl. R.O.H.G. Bd. XIX., S. 211.

Der Destinatar, welcher die Waare und somit auch das Zahlungsmandat acceptirt hat, muss dem Frachtführer und Spediteur alle gezahlten Nachnahmen, welche aus dem Frachtbrief ersichtlich sind oder deren Berichtigung er ausdrücklich versprochen hat, ersetzen und hat gegen den Frachtführer nur Einreden, welche aus dessen Person erwachsen, z. B. er kann ihm entgegenhalten, dass er bei der Zahlung der Nachnahme an den Vormann nicht mit der Sorgfalt eines ordentlichen Kaufmanns verfahren sei. Auf Grund dieser Einrede wird der Frachtführer resp. Spediteur mit seiner Klage auf Zahlung der Nachnahme abgewiesen, er hat aber dann eine condictio sine causa gegen seinen Vormann, welcher die Nachnahme zu Unrecht erhoben hatte.[1] Aus der Person der Vormänner dagegen hat der Empfänger keine Einrede gegen den Abliefernden, er muss demselben, wenn er bei der Zahlung der Nachnahme mit der Sorgfalt eines ordentlichen Kaufmanns verfahren war — und dies wird vermuthet, so dass dem Empfänger der Gegenbeweis obliegt, — Zahlung leisten, auch wenn jene Vormänner zur Erhebung der Nachnahme nicht berechtigt waren, er hat aber gegen dieselben eine condictio sine causa, wenn sie ohne Recht die Nachnahme erhoben hatten.[2]

Im Fall der Nachnahme nach Eingang haben wir gesehen, dass der Abliefernde ebenfalls Eincassirungsmandatar und zwar des Absenders resp. Versenders oder der sämmtlichen Vormänner ist, nur mit dem Unterschied, dass er diese Eincassirungsaufträge statt im eigenen Namen nunmehr im Namen und auf Rechnung seiner Auftraggeber ausführt. Als solcher wendet er sich gerade wie bei der Nachnahme im Voraus an den Destinatar und verlangt von diesem gegen Ablieferung des Guts die Zahlung sämmtlicher auf dem Frachtbrief verzeichneten oder sonstwie nachgewiesenen Nachnahmeforderungen, die nun der Empfänger sei es stillschweigend durch Annahme des Guts und Frachtbriefs (Art. 406) sei es ausdrücklich acceptirt. Aus diesem Accept haftet der Empfänger nach den oben entwickelten Regeln unbedingt,

[1] Vgl. v. Hahn zu Art. 410, § 5.

[2] Vgl. v. Hahn a. a. O.

insbesondere kann er nicht Zahlung verweigern aus dem Grunde, weil der Spediteur oder Frachtführer den Betrag der Nachnahme dem Aufgeber noch nicht geleistet hat, mithin nicht forderungsberechtigt sei.[1]

## Cap. III.

## Das Pfandrecht aus der Nachnahme.

Zur Sicherung seiner Ansprüche aus der Besorgung des Transports eines Guts ist dem Spediteur und ebenso auch dem Frachtführer unter gewissen Voraussetzungen ein Pfandrecht durch das Handelsgesetzbuch ertheilt worden, welches demselben, ohne dass es hierüber besonderer Vereinbarung bedürfte, kraft Gesetzes zusteht. Zu diesen Forderungen, die durch den Transport entstehen, gehört nun auch die Forderung aus der Zahlung von Nachnahmen sei es an den Versender oder Absender, sei es an die Vormänner und wir haben schon öfters im Vorhergehenden bei der Besprechung der Arten der Nachnahme darauf hingewiesen, dass auch diese Forderungen den Schutz dieses gesetzlichen Pfandrechtes geniessen, ja dass gerade dieses Pfandrecht eine Form ist, durch welche sich die verstrickende Kraft der Nachnahmeforderung an dem Gute manifestirt.

Im Folgenden sollen zu dem bereits oben in Bezug auf dieses gesetzliche Pfandrecht des Spediteurs und Frachtführers aus der Nachnahme Dargelegten, noch einige kurze Bemerkungen hinzugefügt werden:

Das Pfandrecht des Frachtführers ist im Allgemeinen demjenigen des Spediteurs sehr ähnlich, nur bezüglich ihrer Voraussetzungen weichen sie in einigen Punkten von einander ab. Nach Art. 382 steht das Pfandrecht dem Spediteur so lange zu, als er das Gut „noch in seinem Gewahrsam hat oder in der Lage ist, dauernd darüber zu verfügen“, Der

---

[1] Vgl. Erkenntniss des Preuss. Obertribunals, Entscheidungen Bd. XXXIX, S. 295 ff.

Spediteur behält das Gut nun nicht lange in seinem Gewahrsam, da er dasselbe ja versenden soll, aber nach Abschluss des Frachtvertrags und nach Ablieferung des Guts an den Frachtführer ist er immer noch in der Lage, dauernd über das Gut zu verfügen. Wenn der Transport durch den Frachtführer mit einem Frachtbrief erfolgt, so steht dem Spediteur auf Grund des Art. 404 so lange die Möglichkeit, über das Gut zu verfügen zu, als der Frachtführer nicht am Ort der Auslieferung angekommen ist und den Frachtbrief nicht dem Empfänger übergeben hat. Mit der Uebergabe des Frachtbriefs an den Destinatar hört der Spediteur auf, über das Gut verfügen zu können, denn der Frachtbrief darf von nun an nur mehr den Anweisungen des Empfängers Folge leisten.

Dagegen verliert der Spediteur die Verfügungsfähigkeit über das Gut dann, wenn der Frachtführer das Gut gegen Ausstellung eines Ladescheins resp. Connossement übernommen hatte und der Spediteur denselben weiter begeben hat, denn in diesem Fall darf der Frachtführer nur dann noch den späteren Anweisungen wegen Auslieferung des Guts an einen Andern als den durch den Ladeschein legitimirten Empfänger oder wegen Zurückgabe des Guts Folge leisten, wenn ihm der Ladeschein bezw. sämmtliche Duplicate desselben zurückgegeben werden. Geschieht dies nicht, so muss der Frachtführer an den im Ladeschein bezeichneten Destinatar abliefern und der Spediteur ist nicht im Stande, diesem gegenüber sein Pfandrecht an dem Gute geltend zu machen.

Hinsichtlich des Pfandrechts des Frachtführers hat das Handelsgesetzbuch aus Zweckmässigkeitsgründen andere Bestimmungen im Art. 409 aufgestellt. Nach den Grundsätzen des neuern Rechts kann ein Pfandrecht an einer Mobilie nur so lange bestehen, als der Pfandgläubiger dieselbe in seinem Besitz hat. Der Frachtführer würde sein Pfandrecht nur so lange ausüben können, als er das Gut in seiner Gewahrsam hat, oder so lange es (vgl. Art. 407) sei es nun in einem öffentlichen Lagerhause oder von einem Dritten für ihn in Gewahrsam gehalten wird, er würde also das Gut nur nach vorgängiger Zahlung der Fracht und Berichtigung der übrigen Forderungen herausgeben können, denn mit der Ablieferung würde er des Pfandrechts wegen dieser Forderungen verlustig werden. Daraus würden sich nun grosse Schwierigkeiten und zahllose Streitigkeiten ergeben: der Frachtführer will das Gut nicht abliefern, ohne Befriedigung für seine Forderungen erhalten zu haben, dagegen will der Empfänger nur zahlen nach Untersuchung des Guts und dazu muss es ihm in der Regel doch vorerst abgeliefert werden. Um diese Schwierigkeiten zu vermeiden, hat das H.G.B. die Principien des bürgerlichen Rechts durchbrochen und ist dem Frachtführer im Art. 409 auch dann noch ein Pfandrecht eingeräumt worden, wenn er das Gut bereits abgeliefert hat, und zwar kann er dasselbe noch innerhalb der 3 auf die Ablieferung folgenden Tage gerichtlich geltend machen, wenn sich das Gut noch beim Destinatar befindet oder von einem Dritten für diesen detinirt wird.

Wenden wir nun diese Bestimmungen auf die Nachnahmen und zwar zunächst auf die Nachnahme im Voraus an. Durch die Befriedigung des Absenders resp. Versenders sowie der Vormänner vereinigen sich alle Forderungen aus dem Transport als eine Forderung in der Hand des Abliefernden. Die Vormänner sind sämmtlich wegen ihrer Ansprüche aus dem Transport befriedigt, ihre Forderungen untergegangen und mithin auch das Pfandrecht wegen derselben; es besteht nur noch ein Anspruch aus dem Transport, welcher allerdings alle jene früheren in sich zusammenfasst und mithin also auch nur ein Pfandrecht, dies ist der Anspruch und das Pfandrecht des Abliefernden.

Dieses Pfandrecht ist an verschiedene Voraussetzungen geknüpft, je nachdem der Abliefernde Spediteur oder Frachtführer ist. Ist der Abliefernde Spediteur, so gelten hinsichtlich dieses Pfandrechts seines Anspruchs die oben angeführten Bestimmungen des Art. 382, sein Anspruch ist eben ein Anspruch aus einem Speditionsgeschäft und es ist gleichgültig, ob derselbe zum Theil dadurch entstanden ist, dass der Spediteur die Ansprüche eines vorhergehenden Frachtführers nachgenommen hat. Ist der Abliefernde dagegen Frachtführer, so gelten hinsichtlich des Pfandrechts wegen seiner Forderungen die Bestimmungen des Art. 409, auch wenn sein Anspruch theilweise aus der Befriedigung vorhergehender Spediteure herrührt.

Die frühere Theorie sprach in diesen Fällen von einer pfandrechtlichen Succession (jus offerendi et succedendi), indem man sich durch den Wortlaut des Art. 382 „das Pfandrecht geht über“ und des Art. 410 „der vorhergehende Frachtführer überträgt sein Pfandrecht auf den nachfolgenden“ verleiten liess. Indessen ist diese Ansicht unrichtig. Es liegt hier ebensowenig eine pfandrechtliche Succession vor als eine Cession der Forderung (Vgl. oben S. 41 ff.). sondern gerade sowie die Forderung des Vormanns durch ihre Befriedigung untergeht, so geht auch das Pfandrecht desselben unter, der Nachmann erwirbt in Folge der durch die Befriedigung der Vormänner gemachten nützlichen Verwendung eine neue Forderung und hierfür auch ein neues Pfandrecht. Wäre dies nicht der Fall, so würden hinsichtlich des Pfandrechts des letzten Ablieferers wegen seines Anspruchs verschiedene Grundsätze gelten und zwar, soweit der Anspruch aus der Befriedigung von Frachtführern herrührt, die Grundsätze des Art. 409, soweit es durch die Befriedigung von Spediteuren entstanden ist, die Grundsätze des Art. 382. Dies ist aber nicht der Fall, vielmehr sind hinsichtlich des Pfandrechts des Ablieferers entweder ausschliesslich die Bestimmungen des Art. 409 oder die des Art. 382 massgebend.

Im Falle der Nachnahme nach Eingang dagegen gehen die Forderungen der Vormänner, da sie eben nicht befriedigt werden, nicht unter; statt wie bei der Nachnahme im Voraus in eine Hand, der des Abliefernden, vereinigt zu werden, bleibt jede einzelne Forderung und mit derselben auch ihr ursprüngliches Pfandrecht bestehen, eine Vereinigung findet nur insofern statt, als deren Geltendmachung auf Grund des auf die Geltendmachung der Forderung überhaupt gerichteten Mandats durch den Abliefernden erfolgt, welcher also, falls eine Forderung vom Destinatar nicht befriedigt wird, das Gut zu Gunsten des Vormanns und im Namen desselben zurückzuhalten hat. Dieses gesetzliche Mandat bezüglich der Ausübung der Pfandrechte der Vordermänner findet sich ausgesprochen im H.G.B. Art. 382 Abs. 2 und Art. 410 Abs. 1, wo es heisst, dass der letzte Frachtführer (bezw. Spediteur) bei der Ablieferung, sofern nicht der Frachtbrief das Gegentheil bestimmt, die aus dem Frachtbrief sich ergebenden Forderungen des vorhergehenden einzuziehen und deren Rechte, insbesondere auch das Pfandrecht auszuüben hat.

Diese beiden Gesetzesstellen beziehen sich zwar nur auf das Pfandrecht wegen Spesenforderungen der bei dem Transport betheiligten Spediteure und Frachtführer, es versteht sich aber von selbst, dass wenn dem Absender oder Versender, sei es als Commissionair oder Spediteur ein gesetzliches, sei es sonst ein vereinbartes Pfandrecht zustand wegen einer Forderung und diese die betreffende Forderung durch Nachnahme einziehen will und auf dem Frachtbrief vermerkt hat, der Abliefernde kraft seines Mandats auch dieses Pfandrecht dem Destinatar gegenüber wird ausüben müssen. Dies wird z. B. immer der Fall sein, wenn der Absender ein Spediteur ist, welcher einen dem Versender auf das Gut gegebenen Vorschuss durch Nachnahme nach Eingang vom Destinatar einzieht; hier hat der Abliefernde auch das dem Spediteur auf Grund des Art. 382 Abs. 1 wegen der Werthnachnahmeforderung zustehende Pfandrecht auszuüben. In diesem Fall hat also das HGB, welches ein Pfandrecht des Spediteurs nur kennt unter der Voraussetzung, dass derselbe das Gut in seiner Gewahrsam hat, oder wenigstens in der Lage ist, dauernd darüber zu verfügen, von diesem Requisite abgesehen, denn dies ist nach der Uebergabe des Guts an den Nachmann möglicherweise, z. B. wenn der Frachtführer einen Ladeschein ausgestellt und der Spediteur denselben weiter begeben hat, nicht der Fall und trotzdem steht ihm auf Grund des Art. 382 Abs. 3 ein Pfandrecht an dem Gut auch noch fernerhin zu.[1]

---

[1] Vgl. Laband, a. a. O. S. 460: „Es tritt unter allen bei einem und demselben Transporte eines Guts betheiligten Spediteuren und Frachtführern gewissermassen eine umgekehrte accessio possessionis ein; der Besitz jedes Nachmannes kommt den Vormännern zu Gute, die Rechte, deren Voraussetzung die Innehabung des Speditionsgutes ist, bleiben auch noch nach Verlust der Detention bestehen, sofern nur ein Nachmann das Gut noch in seiner Gewahrsam hat". In ähnlichem

Dieses gesetzliche Mandat bezüglich der Geltendmachung der Pfandrechte der Vormänner durch den Abliefernden besteht aber nach Art. 410 Abs. 1, abgesehen von dem Fall, dass der Frachtbrief entgegengesetzte Bestimmungen enthielte, nur für die Pfandrechte der aus dem Frachtbrief sich ergebenden Forderungen. Es kann aber einem Vormann auch ein Pfandrecht zustehen, wegen einer Forderung, die nicht im Frachtbrief vermerkt ist, denn Art. 409 HGB macht die Existenz eines Pfandrechtes wegen einer Forderung des Frachtführers nicht davon abhängig, dass dieselbe auf dem Frachtbrief vermerkt ist, sondern schlechtweg davon, dass sie durch den Frachtvertrag begründet ist. Das Pfandrecht wegen einer solchen nicht im Frachtbrief eingetragenen Forderung ist nun der Abliefernde nicht ipso jure verpflichtet auszuüben, er kann es aber sein kraft ausdrücklichen daraufhin gerichteten Mandats des Vormanns, und in diesem Fall gilt für das Pfandrecht wegen dieser nicht eingetragenen Forderung dasselbe, was hinsichtlich des Pfandrechts der im Frachtbrief vermerkten Forderungen bereits ausgeführt wurde.

Ja im Anschluss an die Praxis[1] können wir noch weiter gehen und sagen, dass das Pfandrecht der Vormänner noch fortbesteht und vom Abliefernden ausgeübt werden muss, sogar dann, wenn überhaupt gar kein Frachtbrief ausgestellt worden ist, nur müssen die Forderungen bezüglich derer das Pfandrecht zu wahren ist, dem Abliefernden in genügender Weise bekannt gegeben sein.[2]

Wir sehen also im Fall der Nachnahme nach Eingang, dass gerade so, wie die Forderungen der bei dem Transport betheiligten Personen nicht untergehen, sondern jede getrennt für sich bestehen bleibt, so auch die zur Sicherung derselben bestimmten Pfandrechte weiter fortdauern und zwar nach

Sinne spricht sich auch v. Hahn II, S. 670 § 6 aus: „Obgleich der Frachtführer bezw. Spediteur das Gut aus den Händen gegeben und nicht nothwendig die Verfügung über dasselbe behalten hat, so detiniren die mit der Geltendmachung des Pfandrechts beauftragten Nachmänner das Gut doch auch für ihn.

[1] Erkenntniss des App.-Gerichts Breslau in Buschs Archiv Bd. 15, S. 50.

[2] Eger II, S. 579 und 589.

Art. 410 Abs. 4 so lange als das Pfandrecht des letzten Frachtführers. Wie aber nun wenn der Abliefernde ein Spediteur ist? In diesem Fall wird man annehmen müssen, dass die Pfandrechte der Vormänner mindestens so lange bestehen bleiben als das Pfandrecht des abliefernden Spediteurs, d. h. also so lange, als dieser in der Lage ist, dauernd über das Gut zu verfügen. Ja die Pfandrechte der vorhergehenden Frachtführer bestehen auf Grund des Art. 409 noch länger, nämlich noch 3 Tage nach der Ablieferung, wenn sich das Gut noch bei dem Empfänger befindet oder bei einem Dritten, der es für den Empfänger besitzt. In diesem Fall werden wir also die merkwürdige Erscheinung haben, dass der abliefernde Spediteur das Pfandrecht vorhergehender Frachtführer auch dann noch geltend machen kann, nachdem sein eigenes und das der vorhergehenden Spediteure längst untergegangen ist.

Bezüglich der Geltendmachung dieser Pfandrechte kommt es ebenfalls in Betracht, ob der Abliefernde ein Spediteur oder ein Frachtführer ist. Das Handelsgesetzbuch hat für die Geltendmachung des Pfandrechts des Frachtführers im Art. 407 ein besonderes Verfahren vorgeschrieben und demgemäss wird die Realisirung des Pfandrechts wegen der Nachnahmeforderungen der Vormänner, wenn der Abliefernde ein Frachtführer ist, nach den besonderen Vorschriften des Art. 407 stattzufinden haben, gleichgültig ob sich unter diesen vom Abliefernden geltend gemachten Pfandrechten auch solche befinden, die vorhergehenden Spediteuren zustehen.[1]

Bezüglich der Geltendmachung des Pfandrechts des Spediteurs hat das HGB sich ausdrücklich nicht ausgesprochen. Nur spricht es im Art. 387 aus, dass soweit der Titel betreffend das Speditionsgeschäft über gewisse Rechte des Spediteurs keine Bestimmungen enthält diejenigen des vorhergehenden Titels, der vom Commissionsgeschäfte handelt, zur Anwendung kommen sollen und in diesem weist es (Art. 375) bezüglich der Geltendmachung des Pfandrechts des Commissionairs auf die im Art. 310 rücksichtlich der Geltendmachung des

[1] Vgl. Laband a. a. O. S. 470 Nr. 4.

unter Kaufleuten schriftlich bestellten Pfandrechts aufgestellten Bestimmungen hin, so dass also anzunehmen ist, dass die Geltendmachung der Pfandrechte durch den abliefernden Spediteur nach den im Art. 310 aufgestellten Vorschriften zu erfolgen hat. Auch hier ist es wieder gleichgültig, ob unter diesen vom Spediteur geltend gemachten Pfandrechten sich solche befinden, die eigentlich vorgehenden Frachtführern zustehen, ja es kann sogar vorkommen, nach dem auf der vorigen Seite Angeführten, dass der abliefernde Spediteur nach den Vorschriften des Art. 310 ausschliesslich Pfandrechte von Frachtführern realisirt und nicht nach den des Art. 407, wenn nämlich das Pfandrecht wegen seiner eigenen Nachnahmeforderungen und wegen der der vorangehenden Spediteure bereits untergegangen sind und nur die Pfandrechte der Frachtführer noch geltend gemacht werden können.

Wir sehen aus dem bisher Gesagten, wie im Fall der Nachnahme nach Eingang bei der Ablieferung des Guts die verschiedenartigsten Pfandrechte an dem Gut haften können, als da sind Pfandrechte von Spediteuren und solche von Frachtführern, Pfandrechte wegen gezahlter Werthnachnahmen und solche wegen Spesenforderungen der Vormänner, welche von dem Destinatar eingezogen werden sollen, von welchen Pfandrechten zum Theil jedes seine besondern Eigenthümlichkeiten hat und die sämmtlich so lange dauern als dasjenige des abliefernden Frachtführers wegen der eigenen Forderungen. Dazu kann, da das Pfandrecht des Commissionairs ebensowenig wie das des Spediteurs und Frachtführers an den wirklichen Besitz des Pfandguts gebunden ist, noch dasjenige des Commissionairs hinzukommen, welcher möglicherweise noch mittels Connossements oder Ladescheins über das Gut verfügen kann. Wenn nun im Fall einer solch ausserordentlichen Concurrenz von Pfandrechten bei der Realisirung derselben sich herausstellt, dass der Betrag der pfandberechtigten Forderungen den Werth des Guts übersteigt, so tritt vor uns die Frage auf, in welcher Reihenfolge diese verschiedenen Pfandforderungen zur Befriedigung gelangen?

Die Regelung dieses Rangverhältnisses der einzelnen

Forderungen war in der Nürnberger Commission schon bei der ersten Lesung der Gegenstand eingehender Berathung, es kam jedoch damals zu keiner hierauf bezüglichen Normirung, da dasjenige Mitglied, das einen dahin bezüglichen Antrag gestellt hatte, denselben, bevor es zur Abstimmung kam, wieder zurückzog, weil es sah, dass die Majorität der Commission der Ansicht war, dass ein Bedürfniss für Aufnahme einer solchen Bestimmung nicht vorliege.[1]

Erst in der dritten Lesung[2] wurde in Folge eines Monitums von Württemberg (Nr. 399), welches einen neuen hierauf bezüglichen Antrag enthielt, diese Frage aufs Neue wieder aufgeworfen, worauf dann nach kurzer Berathung der württembergische Antrag zum Beschluss erhoben wurde und seitens der Redactionscommission die in das HGB als Art. 411 übergegangene Fassung[3] erhielt.

Nach diesem Artikel unterscheidet das Handelsgesetzbuch zwei Klassen von pfandberechtigten Forderungen:

I. die durch die Versendung oder den Transport entstandenen Forderungen,

II. die Forderungen des Commissionairs und die Forderungen des Spediteurs wegen der an den Versender gezahlten Vorschüsse,

und zwar haben die Pfandrechte wegen der Forderungen der Klasse I den Vorzug vor den Pfandrechten der Klasse II; letztere kommen erst nach Befriedigung der ersteren an die Reihe.

Sehen wir nun zu, welche Pfandrechte den einzelnen Klassen angehören und wie die derselben Klasse angehörenden Pfandrechte im Verhältniss zu einander locirt werden.

---

[1] Protocolle S. 856, 859—861.

[2] Protocolle S. 5103 ff.

[3] HGB Art. 411: „Wenn auf demselben Gute zwei oder mehrere gemäss den Art. 374, 382 und 409 begründete Pfandrechte bestehen, so geht unter denjenigen Pfandrechten, welche durch die Versendung oder durch den Transport des Guts entstanden sind, das später entstandene dem früher entstandenen vor; diese Pfandrechte haben sämmtlich den Vorrang vor dem Pfandrecht des Commissionairs und vor dem Pfandrecht des Spediteurs für Vorschüsse; unter den letzteren Pfandrechten geht das früher entstandene dem später entstandenen vor."

Ad I. In der ersten Klasse werden genannt:

1. Die durch die Versendung des Guts entstandenen Forderungen des Spediteurs. Hierzu gehören alle im Art. 382 genannten Forderungen wegen der Fracht, der Provision, der Auslagen, Kosten und Verwendungen mit Ausnahme der Forderungen des Spediteurs wegen der dem Versender auf das Gut geleisteten Vorschüsse, also der Forderungen aus der Werthnachnahme im Voraus, denn diese werden durch Art. 411 in die zweite Klasse gereiht. Es fragt sich nun, wenn ein Zwischenspediteur einen Vormann durch Nachnahme befriedigt hat, und in dieser Nachnahme sich Vorschüsse befanden, ob dann nicht diese Forderung in die zweite Klasse zu reihen sei? Dies ist zu verneinen, denn wir haben oben gezeigt, dass sobald der Spediteur, welcher den Vorschuss dem Versender gezahlt hat, diese Werthnachnahme von seinem Nachmann wieder im Voraus nachnimmt, diese Werthnachnahme zur Spesennachnahme (Auslagenachnahme, vgl. S. 36) wird und die Forderung wegen gezahlter Spesennachnahme gehört der ersten Klasse an.

Es wäre auch unpraktisch, die Forderungen der nachfolgenden Spediteure aufzulösen und denjenigen Theil der Nachnahmeforderung, welcher entstanden ist durch Befriedigung des vorangehenden Spediteurs für die dem Versender geleisteten Vorschüsse, in die II. Klasse zu reihen, während der andere Theil, der aus Spesennachnahmeforderungen besteht, der ersten Klasse angehört. Diese Forderung aus gegebenen Vorschüssen existirt nur im Fall der Nachnahme nach Eingang als selbständige Forderung und gehört dann der II. Klasse an; im Fall der Nachnahme im Voraus dagegen geht die Forderung des ersten Spediteurs wegen gegebener Vorschüsse durch ihre Befriedigung unter und es besteht nur noch eine der I. Klasse angehörende Forderung des Abliefernden, die zweifellos aus der Versendung entstanden ist.[1]

2. Sämmtliche durch den Transport entstandenen Forderungen der Frachtführer, also die im Art. 409 genannten

[1] Vgl. Anschütz III S. 457 Nr. 1.

Ansprüche, mögen sie nun im Frachtbrief verzeichnet sein oder nicht, ja selbst dann, wenn überhaupt gar kein Frachtbrief ausgestellt ist.

Hier werden nicht die Forderungen des Frachtführers wegen Vorschüssen, die dem Absender auf das Gut gemacht sind, excipirt wie beim Spediteur, denn derartige Forderungen werden in der zweiten Klasse nicht aufgezählt, sie sind im Gegentheil unter den „durch den Transport entstandenen Forderungen" der I. Klasse mit inbegriffen. Diese Worte sind daher im möglichst extensiven Sinne zu verstehen und wie im Art. 409 unter den Worten „andere Auslagen", so werden auch hier unter den Worten „durch den Transport entstanden" auch die Forderungen aus der Zahlung von Vorschüssen an den Absender verstanden, gleichviel, ob sie mit der Transportleistung zusammenhängen oder nicht, wenn sie nur bei Gelegenheit des Transports auf das Gut geleistet sind.[1]

Selbstverständlich gehört dann auch das Pfandrecht des nachfolgenden Frachtführers, welcher dem Vormann die dem Absender geleistete Werthnachnahme wieder ersetzt zur ersten Klasse, denn dieselbe wird dann zur Spesen- (Auslagen) Nachnahme und gehört als solche der ersten Klasse an.

3. Die allerdings wohl nur selten vorkommenden Forderungen des Commissionairs aus dem Transport des Guts. Derartige Forderungen können entstehen, wenn z. B. ein Einkaufscommissionair, ohne das Dazwischentreten eines Spediteurs das eingekaufte Gut, oder ein Verkaufscommissionair das nicht verkaufte Gut dem Committenten zuschickt resp. zurückschickt und dabei Aufwendungen für Verpackung, Umpackung, Lagerung etc. gemacht hat, welche unter den Begriff der Transport- und Versendungskosten und mithin in die I. Klasse des Art. 410 fallen.[2]

Diese Locirung der Transportforderungen des Commissionairs in der I. Klasse hat nun Laband[3] und mit ihm ver-

---

[1] Vgl. Laband a. a. O. S. 478. Eger II S. 604.

[2] Vgl. v. Hahn II, S 672; Eger II, S. 606.

[3] Vgl. Laband a. a. O. S. 479; Anschütz III, S. 457; Puchelt 1. Aufl. S. 848; Keyssner S. 470.

schiedene Commentatoren als unzulässig bestritten aus dem Grunde, weil dieses Pfandrecht des Commissionairs vom Gesetz in der ersten Klasse mit keinem Wort erwähnt sei, dagegen sei es ganz allgemein in die zweite Klasse verwiesen, indem die Worte „für Vorschüsse“ sich nur auf das Pfandrecht des Spediteurs bezögen. Ferner, bemerkt Laband, „sei juristisch das Commissionsgeschäft das Rechtsverhältniss, aus welchem auch diese Transport- resp. Versendungsauslagen und der Anspruch auf Ersatz derselben hervorgegangen ist und das Gesetz unterscheide nicht zwischen den verschiedenen Forderungen des Commissionairs“.

Diesen Ausführungen Laband's kann jedoch nur insofern beigetreten werden, als Forderungen des Commissionairs, die nur mittelbar mit dem Transport zusammenhängen, in Frage kommen, z. B. wenn ein Verkaufscommissionair dem Frachtführer oder Spediteur, der ihm das Gut abliefert, die aus dem Transport oder der Versendung entstandenen Kosten ersetzt, denn solche Forderungen sind nur in zweiter Linie Transport- resp. Versendungsforderungen. Uebrigens dürfte in diesem Fall eine Concurrenz nur dann eintreten, wenn der Commissionair (Empfänger) den Frachtführer oder Spediteur, der ihm das Gut abliefert, nur theilweise befriedigt hat. Hat dagegen der Commissionair auch Forderungen, die unmittelbar durch die Versendung oder den Transport entstanden sind, wie die oben angeführten Forderungen wegen der Verpackung, Umladung etc. des Commissionsgutes, so widerspricht es der ratio legis, dieselben in die zweite Klasse zu verweisen, denn das Gesetz zählt unter den Forderungen der I. Klasse allgemein die durch die Versendung und den Transport entstandenen Forderungen des Spediteurs und Frachtführers auf. Ferner kann auch angenommen werden, dass bei der Erwähnung des Pfandrechts des Commissionairs in der II. Klasse die Worte „Pfandrecht des Commissionairs“ nur desshalb ohne besondere Einschränkung geblieben sind, weil dem Commissionair in der Regel Forderungen aus dem Transport resp. Versendung nicht zu entstehen pflegen.[1]

[1] Vgl. Eger II, S. 603.

Unter den Pfandrechten, wegen dieser in der ersten Klasse genannten Forderungen geht nach Art. 411 das später entstandene dem früher entstandenen vor. Diese Locirung kommt nur in Frage bei der Nachnahme nach Eingang, denn im Fall der Nachnahme im Voraus ist überhaupt eine Concurrenz der Pfandrechte unmöglich, weil sämmtliche Pfandrechte der Vormänner durch ihre Befriedigung untergegangen sind. Im Fall der Nachnahme nach Eingang dagegen bleiben die einzelnen Pfandrechte getrennt neben einander bestehen und werden in umgekehrter Reihenfolge, als sie entstanden sind, befriedigt. Dieses Privileg des jüngeren Pfandrechts vor dem älteren hatte schon das gemeine Recht im Fall des Pfandrechts wegen der sog. versio in rem statuirt, welches dann besteht, wenn eine Forderung zur Erhaltung, Wiederherstellung oder Anschaffung der verpfändeten Sache contrahirt worden ist, soweit die Verwendung zu diesem Zweck wirklich stattgefunden hat. Diese Priorität hat ihren Grund darin, dass der Werth der Waare steigt, je weiter sie vom Abgangsorte weg in die Nähe des Bestimmungsorts gelangt (vgl. oben S. 1) und es entspricht der Natur der Verhältnisse und der Billigkeit, dass derjenige zuerst befriedigt werde, welcher die letzte Wertherhöhung an dem Gut durch seine Leistung bewirkt hat.[1]

Dieses Vorzugsrecht hat ferner, wie Laland[2] bemerkt, seinen Grund auch darin, dass der Vormann, welcher ohne Bezahlung seinem Nachmann das Gut übergibt, gewissermassen freiwillig auf seine Befriedigung vor dem Nachmann verzichtet und sich damit einverstanden erklärt, dass der Nachmann nach Eingang der Nachnahme event. nach Realisirung des Pfandrechts sich zuerst befriedige und dann erst den Rest des Erlöses zu seiner Befriedigung ihm zuweist.

ad II. Wir wenden uns nunmehr der II. Klasse der im Art. 411 genannten Pfandrechte zu, zu welcher also das Pfandrecht des Commissionairs wegen aller Forderungen, die

---

[1] Vgl. l. 6 pr. Dig. qui potiores in pignore, 20, 4: „huius enim pecunia salvam fecit totius pignoris causam."

[2] Vgl. Laband a. a. O. S. 480.

nicht unmittelbar durch den Transport resp. Versendung entstanden sind, und das Pfandrecht des Spediteurs für Vorschüsse gehört.

Hierher gehört insbesondere das nach Art. 374 HGB dem Commissionair zustehende Pfandrecht wegen der auf das Gut verwendeten Kosten, mit der oben angegebenen Restriction, wegen der Provision, der rücksichtlich des Guts gegebenen Vorschüsse und Darlehen, der rücksichtlich desselben gezeichneten Wechsel oder in anderer Weise eingegangenen Verbindlichkeiten. Mit diesem Pfandrecht kann in dieser Klasse collidiren das Pfandrecht des Spediteurs für die dem Versender im Voraus gezahlte Werthnachnahme, wenn der Spediteur dieselbe durch Nachnahme nach Eingang wieder vom Empfänger einziehen wollte, nicht dagegen das Pfandrecht des Frachtführers wegen solcher im Voraus gezahlter Werthnachnahmen, denn dieses gehört, wie wir schon gesehen haben, der I. Klasse an.

Unter den Pfandrechten dieser zweiten Klasse, welche also erst zur Befriedigung gelangen, wenn sämmtliche pfandberechtigte Forderungen der ersten Klasse befriedigt sind, geht das früher entstandene dem jüngern vor, es gilt also in dieser Klasse die allgemeine Regel „prior tempore, potior jure“, weil hier die für die Pfandrechte der ersten Klasse geltend gemachte Erwägung, dass derjenige den Vorrang vor andern habe, der die letzte Wertherhöhung durch seine Leistung bewirkt habe, nicht Platz greift.

Wir haben bis jetzt ausschliesslich von Pfandrechten aus der Nachnahme gesprochen; möglicherweise kann aber noch neben diesem gesetzlichen Pfandrecht dem Spediteur oder Frachtführer das kaufmännische Retentionsrecht auf Grund der Art. 313 bis 316 HGB, insoweit die Voraussetzungen eines solchen vorliegen, zustehen. Allerdings wird dieses Retentionsrecht bei Nachnahmeforderungen wohl nur selten geltend gemacht werden, denn es ist, was den Besitz des Retentionsguts anbelangt, an dieselben Voraussetzungen geknüpft als das Pfandrecht, d. h. es ist entweder die factische Innehabung des Guts erforderlich, oder doch wenigstens die Möglichkeit, über dasselbe zu verfügen, und es wird wohl Niemand zu dem schwächeren Retentionsrecht greifen, wenn ihm das stärkere Pfandrecht zusteht. In einem Falle allerdings kann es zur Geltendmachung des Retentionsrechts an dem Gut kommen, das ist im Fall der Werthnachnahme nach Eingang. Der Versender oder Absender eines Guts, welcher eine Forderung gegen den Destinatar nach Eingang nachnimmt, hat gewöhnlich, wenn er nicht Commissionair oder Spediteur ist und als solcher ein gesetzliches oder ausnahmsweise ein vereinbartes Pfandrecht an dem Fracht- oder Speditionsgut besitzt, kein Pfandrecht an dem Gut. Ebensowenig steht dem Spediteur oder Frachtführer, dem das Gut mit dem Auftrag, die Forderung einzuziehen, übergeben wird, desswegen ein gesetzliches Pfandrecht zu, denn er leistet hier dem Versender keine Vorschüsse. [1]

Wohl aber kann dem Versender resp. Absender auf Grund der Art. 313—316 HGB wegen der nach Eingang nachzunehmenden Forderung ein gesetzliches Retentionsrecht an dem Gut zustehen; dies wird z. B. regelmässig der Fall sein, wenn der Versender Verkäufer des Guts ist und nunmehr den ihm vom Empfänger noch geschuldeten Kaufpreis bei der Uebersendung durch den Spediteur oder Frachtführer einziehen lässt. In einem solchen Falle wird der Abliefernde, wenn ihm das Retentionsrecht des Versenders oder Absenders bekannt gegeben war oder wenn er daseslbe hätte kennen müssen, das Gut, wenn der Empfänger bei der Ablieferung nicht zahlt, für den Versender oder Absender zurückhalten müssen.

---

[1] Vgl. ROHG Bd. 15, S. 200: „Für eine nur nach Eingang zu zahlende Nachnahme des Absenders steht dem Frachtführer (bezw. Spediteur) ein gesetzliches Pfandrecht aus Art. 409 (resp. Art. 382) nicht zu" und ferner „Der Frachtführer hat den Betrag der Nachnahme nicht an den Absender ausbezahlt, sondern nur nach dem Eingang auszuzahlen versprochen, eine Auslage des Frachtführers, wegen welcher ein Pfandrecht begründet wäre, liegt also nicht vor. Es fehlt daher an jedem Rechtsgrunde, der eine vorzugsweise Befriedigung desselben zu rechtfertigen vermöchte."

Ebenso kann es vorkommen, dass Spediteuren und Frachtführern Forderungen aus dem Speditions- resp. Frachtgeschäft zustehen, für welche sie aber, da die Voraussetzungen des Art. 382 resp. 409 nicht erfüllt sind, kein Pfandrecht haben, z. B. solche Forderungen, die dadurch entstanden sind, dass der Spediteur resp. Frachtführer dem Aufgeber des Guts Vorschüsse oder Darlehen jedoch nicht rücksichtlich des Guts gegeben hat. Wenn nun der Versender resp. Absender zugleich der Empfänger ist (vgl. oben S. 64 u. 66), so steht dem Spediteur oder Frachtführer unter Umständen zur Sicherung solcher Forderungen das kaufmännische Retentionsrecht gegen denselben zu. Jedoch wird er dasselbe nur in den im Art. 314 angegebenen Fällen geltend machen können, denn einer anderweitigen Geltendmachung steht der Art. 313 Abs. 2 HGB entgegen, nach welchem das Retentionsrecht cessirt, wenn die Zurückhaltung des Guts der vom Schuldner vor oder bei der Uebergabe desselben ertheilten Vorschrift oder der vom Gläubiger übernommenen Verpflichtung, in einer bestimmten Weise mit dem Gute zu verfahren, widersprechen würde und das ist hier regelmässig der Fall, denn der Spediteur resp. Frachtführer, welcher also Gläubiger ist, hat die Verpflichtung übernommen, das Gut an den Destinatar auszuliefern.

Sind dagegen der Empfänger und der Absender resp. Versender verschiedene Personen, so wird von einem Retentionsrecht überhaupt nicht die Rede sein können, denn dasselbe kann nur gegen den Schuldner, und dies ist der Aufgeber, der den Vorschuss empfangen hat, geltend gemacht werden, nicht aber gegen den Empfänger, der möglicher Weise der Eigenthümer des Guts ist, denn die Vorschriften des Art. 306 HGB über den Schutz des gutgläubigen Faustpfandbesitzers gegenüber dinglich berechtigten Dritten kommen dem Retinenten nicht zu Gute.

Cap. IV.

## Das Regressrecht gegen die Vormänner.

Nachdem wir nunmehr gesehen, wie im Fall der Nachnahme sämmtliche Forderungen der bei dem Transport betheiligten Personen mit ihren Pfandrechten in der Hand des Abliefernden, sei es als dessen eigene Forderungen im Fall der Nachnahme im Voraus, sei es bloss zur Eincassirung für die Vormänner im Fall der Nachnahme nach Eingang vereinigt werden, bleibt uns zum Schlusse noch die Betrachtung der Frage übrig, wie verfahren wird, wenn der Abliefernde keine Befriedigungen für diese Forderungen erhält.

Wir wenden uns zuerst zu dem Fall der Nachnahme im Voraus. Hier liegt dem Abliefernden auf Grund des von ihm übernommenen mandatum in rem suam die Eincassirung der in Folge der Befriedigung der Vormänner ihm zustehenden Forderungen und die Geltendmachung der dafür bestehenden Pfandrechte ob. Erlangt er nun trotz der Geltendmachung dieses Pfandrechts keine Befriedigung für seine Forderung, weil der Betrag derselben z. B. den Werth des Guts überstieg, oder wird er, ohne dass ihn dabei ein Verschulden trifft, an dieser Geltendmachung gehindert, z. B. weil er gezwungen wird, dasselbe an den Destinatar auszuliefern, so wendet er sich an seinen unmittelbaren Vormann zurück, dem er die Nachnahme bezahlt hatte und begehrt von diesem Ersatz für den bei der Realisirung seines Anspruchs erlittenen Ausfall. Der so in Anspruch genommene Vormann regredirt dann weiter wieder gegen seinen Vormann und so geht der Rückgriff hinauf bis auf den Absender resp. Versender.

Dieses Rückgriffs wird jedoch der Abliefernde auf Grund des Art. 412 HGB verlustig, wenn er das Gut dem Empfänger ohne Bezahlung abliefert und das Pfandrecht nicht binnen 3 Tagen nach der Ablieferung gerichtlich geltend macht, ja wenn derselbe Spediteur ist, schon durch die blosse Ablieferung des Guts, denn die Erstreckung der Dauer des Pfandrechts noch auf 3 Tage nach der Ablieferung besteht nicht zu seinen Gunsten. In diesem Fall wird der Abliefernde also von den Vormännern die vorgeschossene Nachnahme nicht zurückverlangen können, ja er kann möglicherweise noch demselben wegen Nichtbefolgung des erhaltenen Auftrags schadensersatzpflichtig werden.

Complicirter ist die Sache im Fall der Nachnahme nach Eingang, da wir es hier nicht wie bei der Nachnahme im Voraus mit einer einzigen Forderung des Abliefernden zu thun haben, sondern mit einer ganzen Reihenfolge von Forderungen der bei dem Transport betheiligten Personen, die nur dem Abliefernden zur Eincassirung übertragen werden. Wenn nun in diesem Falle der letzte Frachtführer oder Spediteur culposer Weise das Gut ohne Bezahlung abliefert und das Pfandrecht nicht binnen 3 Tagen gerichtlich geltend macht, so versteht es sich von selbst, dass er wegen der eigenen Forderungen aus dem Transport den Vormännern und in letzter Linie dem Absender gegenüber verlustig wird. Aber auch sämmtliche Spediteure und Frachtführer vor ihm, die ihn mit der Einziehung ihrer Forderungen beauftragt hatten, verlieren durch diese Nichtrealisirung der Pfandrechte ihren Regress nach Art. 412. Diese Bestimmung entspricht vollständig der hergebrachten Auffassung des Handelsstandes, nach welcher diejenigen Spediteure und Frachtführer, die dem Abliefernden ihre Forderungen gewissermassen „anvertraut" haben ihren Rückgriff gegen ihre Vormänner und in letzter Linie gegen den Absender resp. Versender verlieren, wenn der Abliefernde das Gut ohne die erforderliche Vorsicht ausgeliefert hat. Es wäre auch unbillig, wenn das Risico eines solchen Vertrauens nicht den Creditirenden sondern den Absender treffen würde.[1]

Dieser Verlust des Rückgriffs, durch welchen also die Vormänner und in letzter Linie der Absender von der Regresspflicht ihren Nachmännern gegenüber frei werden, hat auf der andern Seite den Eintritt der Ersatzpflicht des Abliefernden zur Folge, indem dieser nunmehr den nicht befriedigten Spediteuren und Frachtführern haftet und zwar bis zu dem Betrage, als dieselben durch die Realisirung des

[1] Vgl. Protocolle S. 843.

Pfandrechts befriedigt worden wären. Kann der Abliefernde also nachweisen, dass der Werth des Guts nicht zur Befriedigung sämmtlicher Forderungen ausgereicht hätte, so haftet er nur bis zu dem Betrage dieses Werths.

Mit der im Art. 412 angewandten Bezeichnung „Vormänner“, welche durch die Nichtrealisirung des Pfandrechts durch den Abliefernden regressfrei werden und möglicherweise sogar gegen denselben noch einen Ersatzanspruch erlangen, sind nun gemeint, nicht bloss wie im Art. 410 Abs. 4 die beim Transport betheiligten Spediteure, Zwischenspediteure und Frachtführer, sondern alle die dem Abliefernden, wenn ihn bei der Ablieferung kein Verschulden getroffen hätte auf Grund des Frachtvertrags regresspflichtig wären, also auch der Absender und zweifelsohne auch der Versender, obwohl v. Hahn[1] das Gegentheil behauptet, denn dieser würde ja auf Grund des Speditionsvertrags zwischen ihm und dem absendenden Spediteur diesem, wenn er auf Grund des Frachtvertrags von seinem Nachmann in Anspruch genommen worden ist, regresspflichtig sein.

Hat nun der Abliefernde das Pfandrecht wegen der Nachnahmeforderungen an dem Gute geltend gemacht, ohne jedoch durch die Realisirung dieses Pfandrechts für sämmtliche Forderungen Befriedigung zu erlangen, oder ist er an dieser Geltendmachung ohne sein Verschulden gehindert worden, z. B. dadurch, dass er gezwungen wurde, das Gut an den Destinatar abzuliefern, dann geht das Rückgriffsrecht nicht verloren und jeder kann sich wegen seiner Forderungen, die er durch Nachnahme vom Destinatar einziehen wollte, an seinen Vormann halten. Der regelmässige Gang des Regresses ist dann der, dass zunächst der Abliefernde sich wegen seiner Transportforderungen an seinen unmittelbaren Vormann wendet, sei es nun mit der actio conducti, wenn er Frachtführer oder mit der actio mandati contraria, wenn er Spediteur ist. Dieser regredirt dann wieder, wegen des dem Abliefernden gezahlten Betrags sowie wegen seiner eigenen Forderungen aus dem Transport gegen seinen Vormann und

---

[1] Vgl. v. Hahn, II S. 674 Note 2.

so geht der Regress weiter, jedesmal unter Hinzukommen einer neuen Forderung zu den bereits befriedigten, bis schliesslich dem ersten Frachtführer oder Spediteur sämmtliche aus dem Transport des Guts entstandenen Forderungen berichtigt werden. Wir haben also bei diesem Regress genau dasselbe Verfahren nur in umgekehrter Richtung wie bei der Nachnahme im Voraus.

Sind dagegen sämmtliche Forderungen im Voraus nachgenommen worden, so gestaltet sich der Regress etwas verschieden. Der Abliefernde, welcher also dann sämmtliche Forderungen der Vormänner befriedigt hat und vom Destinatar keine Zahluug hat erlangen können, regredirt gegen seinen Vormann auf Rückzahlung des ganzen Nachnahmebetrags plus noch der eigenen Fracht- und Spesenforderung. Dieser Vormann regredirt dann wieder gegen seinen Vormann auf Zahlung des von ihm dem Abliefernden gezahlten Betrags und so geht der Regress weiter. Während also beim Regress im Eall der Nachnahme nach Eingang die Regresssumme anfänglich nur aus dem Betrage der Fracht resp. Spesenforderungen des Abliefernden bestand und dann je weiter der Regress fortschritt immer zunahm um die Forderungen der vorhergehenden Spediteure und Frachtführer, ist beim Regress im Fall der Nachnahme im Voraus von vorn herein die Regresssumme gleich dem Betrage sämmtlicher Transportforderungen und erleidet abgesehen von Remboursspesen, die hinzutreten, im weiteren Verlauf des Rückgriffs keine Veränderungen mehr.

Bei jedem Regress ist nun der Regressat, welcher von seinem Nachmann auf Zahlung der Regresssumme in Anspruch genommen wird, zu der strengsten Prüfung dieser Forderung des Nachmanns verpflichtet und kann demselben immer die Einrede entgegenhalten, dass er zur Erhebung des Nachnahmebetrags, mit welchem er ausgefallen ist, nicht berechtigt gewesen sei, z. B. weil die von ihm auf das Gut gemachten Auslagen, die er vom Destinatar sich habe wollen ersetzen lassen, zu hoch gewesen seien, oder weil deren Betrag zu hoch angerechnet sei. Der Regressat ist darum zur Prüfung dieser Ansprüche verpflichtet, weil sein Vormann und in letzter Linie der Absender nur diejenigen Forderungen zu berichtigen braucht, die mit Recht gemacht sind. Der Regressat, welcher also weiter regredirt, hat seinem Vordermann gegenüber immer die Richtigkeit des dem Nachmann ausgezahlten Betrags zu vertreten und muss sich alle Einreden aus der Person seiner befriedigten Nachmänner gefallen lassen, denn er ist der Cessionar derselben. Jeder vom Vormann befriedigte Nachmann cedirt demselben seine Forderung, so dass also schliesslich der Absender resp. Versender Cessionar sämmtlicher Frachtführer und Spediteure ist und nun als solcher den Betrag sämmtlicher cedirten Forderungen gegen den Empfänger einklagen kann, wenn dieser die Waare mit dem Frachtbrief angenommen, mithin dem Abliefernden gegenüber sämmtliche auf dem Frachtbrief vermerkten Forderungen acceptirt hat. Der Empfänger haftet immer in letzter Linie auf Grund dieses Accepts, sei es dem Absender, wenn das Regressrecht durch den Abliefernden gewahrt worden ist, sei es dem Abliefernden, wenn dieser durch sein Verschulden seinem Regressrechte und dem seiner Vormänner präjudicirt hat und deren sämmtliche Transportforderungen demgemäss zu tragen hat. Diese Haftung geht schon aus Art. 406 HGB und wird im Art. 412 noch einmal ausdrücklich wiederholt.

Stellt sich aber bei diesem Regress heraus, dass schliesslich der Absender resp. Versender zahlungsunfähig ist und auch vom Empfänger Befriedigung nicht erlangt werden kann, so kann der erste Frachtführer resp. Spediteur, welcher nunmehr alle seine Nachmänner befriedigt hat und von seinem Vormann dem Absender resp. Versender keine Zahlung erlangen kann, wieder gegen die Nachmänner zurückregrediren auf gleichmässige Vertheilung seines Ausfalls, denn er hat dieselben nur bezahlt in der Erwartung, dass er die verauslagten Summen schliesslich vom Absender ersetzt bekommen würde, hat denselben somit nur einen Vorschuss gemacht, den er, da der Absender nicht zahlt, von ihnen wieder zurückverlangt. Dies erklärt sich einfach daraus, dass die sämmtlichen bei dem Transport betheiligt gewesenen Spediteure und Frachtführer in Rücksicht auf die aus dem Transport sich ergebenden Rechte als Correalgläubiger anzusehen sind, gerade so wie sie in Bezug auf die Verpflichtungen aus der Uebernahme des Transportes bis zu einem gewissen Punkte als Correalschuldner auftreten. Als Correalgläubiger haben sie demgemäss die bei der Realisirung ihrer Rechte sich etwa herausstellenden Ausfälle nach den Grundsätzen des Civilrechts gemeinschaftlich zu tragen.[1]

Dieser Regress, von dem wir bis jetzt gesprochen haben, beruht auf der Erwägung, dass jeder Nachmann denjenigen, der ihm das Gut zum Weitertransport übergeben hat, sei es als Versender oder als Absender betrachten kann,[2] und mithin von demselben als seinem Auftraggeber den Betrag der Transportforderungen, mit dem er ausgefallen ist, ersetzt verlangen darf. Dieser Regress vom Nachmann auf seinen unmittelbaren Vormann als auf seinen Auftraggeber ist auch der bei weitem am häufigsten vorkommende. In einem Fall jedoch kann der Vormann zur Zahlung der Regresssumme nicht verpflichtet sein, einfach weil er zu seinem Nachmann nicht in diesem Verhältniss des Absenders zum Frachtführer oder des Versenders zum Spediteur steht, nämlich dann, wenn der Transport nach Art. 401 HGB mit durchgehendem Frachtbrief erfolgt. In diesem Falle wird die Ausführung des Transports auf der gesammten Strecke von sämmtlichen zusammenwirkenden Frachtführern übernommen, es liegt dann nur ein Frachtvertrag zwischen dem Absender einerseits und den sämmtlichen betheiligten Frachtführern andererseits vor und die Frachtführer stehen nur mit dem Absender, nicht aber ohne Weiteres unter einander im Contractsverhältniss, so dass also der Vormann dem Nachmann gegenüber nicht als Absender aus einem besonderen Frachtvertrage gelten kann. Ebensowenig ist auch in der Uebernahme des Guts durch den Nachmann der Abschluss neuen Frachtvertrags zu erblicken, was auch schon daraus sich ergibt, dass ein neuer Frachtbrief nicht ausgestellt wird. In diesem Fall ist der Vormann dem Nachmann nicht schlecht-

---

[1] Vgl. Eger II, S. 619; ROHG Bd. 24, S. 210.

[2] Vgl. Art. 430 HGB.

weg auf Grund des Gesetzes regresspflichtig und kann sich letzterer nur an den Absender, mit dem er allein im Contractsverhältniss steht, wegen des Ausfalls halten. Aus Zweckmässigkeitsgründen wird zwar auch hier der successive Regress vom Nachmann auf den Vormann stattfinden, eine rechtliche Verpflichtung des Vormanns dazu existirt in diesem Falle nicht,[1] wenn sie nicht ausdrücklich durch Vertrag (Reglement) übernommen worden ist.

[1] Vgl. die oben angeführte Entscheidung des ROHG, Bd. 24, S. 207 ff.

Kolibri 360 GmbH
Ferdinand-Jühlke-Straße 7
99095 Erfurt, Deutschland
produktsicherheit@kolibri360.de